SERVICE GÉOGRAPHIQUE DES COLONIES

CARTE

DE LA

BOUCLE DU NIGER

au $\dfrac{1}{1.500.000^e}$

INDEX ALPHABÉTIQUE

PARIS

MAISON ANDRIVEAU-GOUJON

HENRI BARRÈRE, ÉDITEUR GÉOGRAPHE

4, RUE DU BAC, 4

—

1897

SERVICE GÉOGRAPHIQUE DES COLONIES

CARTE

DE LA

BOUCLE DU NIGER

au $\dfrac{1}{1.500.000^e}$

INDEX ALPHABÉTIQUE

PARIS

MAISON ANDRIVEAU-GOUJON

HENRI BARRÈRE, ÉDITEUR GÉOGRAPHE

4, RUE DU BAC, 4

1897

INDEX ALPHABÉTIQUE

L'index alphabétique joint à la carte de la Boucle du Niger permet d'y retrouver tous les noms géographiques qui y sont mentionnés.

A chaque bande verticale comprise, de degré en degré, entre deux méridiens, correspond une lettre.

A chaque bande horizontale comprise, de degré en degré, entre deux parallèles, correspond un chiffre.

Chaque nom de l'index est suivi de la lettre et du chiffre correspondant aux deux bandes à l'intersection desquelles il est placé sur la carte.

ABRÉVIATIONS

Les noms de l'index
suivis de l'abréviation (v) correspondent à une ville ou un village.

—	(p)	—	une peuplade, pays ou région.
—	(r)	—	un cours d'eau, fleuve ou rivière.
—	(itin)	—	un itinéraire.
—	(rap)	—	un rapide.
—	(m^t)	—	une montagne.
—	(p^{te})	—	une pointe.
—	(lag)	—	une lagune.

A

B

Baï (v)	H	4	Bam (v)	H	5
Bakarâ (v)	O	7	Bama (v)	B	2
Bakari Koundo (v)	K	8	Bama (v)	G	6
Bakhoné (v)	I	6	Bamadougou (v)	F	6
Bakhounou (p)	C	2	Bamandiougou (v)	D	3
Baki N'goulbi (v)	J	6	Bamba (v)	F	5
Bako (v)	N	9	Bamba (v)	H	3
Bakoko (v)	H	2	Bamba (v)	J	1
Bakokoro (r)	H	10	Bambadougouni (v)	C	9
Bakoma (v)	G	5	Bambara Mandé ou Soukou-		
Bakonouka ou 9 fleuves	D	10	rara (v)	I	2
Bakoro (v)	G	9	Bambara (v)	G	4
Bakorombougou (v)	B	3	Bambarana (v)	A	8
Bakou (v)	N	7	Bambariria (v)	A	8
Bakouandon (v)	F	12	Bambaya (v)	A	8
Bakoué (v)	D	11	Bambguel Dabel (v)	J	2
Bakoukokouta (v)	B	7	Bambofa (v)	K	3
Bakoy (r)	A	4	Bamboso (v)	H	10
Bakrai (v)	D	12	Bamboso ou Tieningué (v)	F	9
Bala (v)	J	6	Bambouti ou Lamboudji (v)	M	7
Balabolo (v)	G	9	Baméanga (v)	I	12
Balabri (v)	Q	13	Bammako (v)	C	5
Baladougou (v)	B	7	Bamorila (v)	B	3
Balaguna (v)	O	11	Bamou (v)	O	8
Balan (v)	D	5	Bampé (v)	I	9
Balan (v)	C	5	Bana (v)	M	9
Balan (v)	A		Banala (v)	A	3
Balandougou (v)	C	6	Banalou (v)	C	9
Balandougou (v)	C	8	Banamba (v)	D	4
Balanincoro (v)	F	6	Banamba ou Bafing (r)	D	6
Balankodougou (v)	H	8	Id.	D	5
Balaso (v)	H	7	Banami (v)	O	8
Balatocoutə (v)	B	7	Banan (v)	H	3
Balé (r)	B	8	Banan (p)	D	5
Balé (v)	C	2	Banancoro (v)	C	6
Balé (r)	D	7	Banancoro (v)	C	5
Balé ou Niandau (r)	A	7	Banankourousou (v)	C	9
Id.	B	7	Bananso (v)	F	5
Baleko (p)	E	12	Banansolé (v)	D	5
Balendi (v)	M	4	Banbella (v)	H	12
Balia (v)	A	8	Bancouso (v)	G	5
Balo (v)	R	9	Banda ou Fougoula (v)	I	10
Balloni (r)	M	6	Bandagadi (v)	I	9

Bandaia (v)	A 8	Baniré (v)	B 2
Bandama (r)	F 8	Bankani (v)	H 1
Bandama (f)	F 12	Bankassa (v)	I 4
Bandama blanc (r)	F 10	Bankasso (v)	H 4
Bandama rouge (r)	E 10	Bankasso (Seno-) (p)	H 4
Bandiagara (v)	H 3	Banko (v)	H 7
Bandiama (v)	H 3	Id.	D 6
Bandiérissou (v)	F 6	Id.	C 5
Banding Ko (r)	B 4	Bankoraba (v)	D 9
Bandiougoula (v)	A 2	Baukori (v)	H 1
Bandouki (v)	J 6	Bankoro (v)	B 8
Bané (r)	C 9	Id.	G 6
Bané (v)	I 3	Bankou (v)	B 6
Banéma (v)	J 6	Bankoumana (v)	C 5
Banga (v)	E 8	Bankoumani (v)	G 4
Banga (v)	G 5	Bankouna (v)	I 6
Banga (v)	G 5	Banoro ou Mahoué (r)	E 10
Bangadou (v)	A 8	Banoué (r)	R 10
Bangadou (v)	A 8	Banouria (v)	A 8
Bangassi (v)	I 5	Banri (v)	N 8
Bangassi (v)	H 6	Banso ou Nganso (v)	G 6
Bangassi (v)	G 10	Banso (v)	K 11
Bangba (v)	A 8	Bansou (v)	N 7
Bango (v)	K 7	Id.	I 12
Bangou Imallen (p)	K 1	Bansso (v)	H 4
Banguel (v)	H 3	Banté (v)	M 9
Bangzoaza (v)	J 6	Bao (v)	H 5
Bani (v)	H 1	Bao (r)	C 9
Bani (v)	O 6	Id.	C 9
Bani ou Bana (v)	K 6	Baoua (v)	I 12
Bani ou Magel Balevel (r)	E 4	Baouera (v)	J 6
Id.	F 4	Baouetah ou Boueiké (v)	C 10
Id.	G 4	Ba-Oulé (r)	C 4
Bania (r)	H 10	Baoulé (r)	G 6
Banian (v)	H 8	Ba-Oulé (f)	D 6
Baniégué (r)	E 7	Baoulé (r)	B 8
Baniéguéné (r)	E 10	Id.	A 4
Banifing (r)	D 7	Id.	D 7
Id.	G 6	Baoulé (p)	F 10
Id.	F 5	Baoulo (v)	D 12
Banikani (v)	O 8	Bapé (v)	D 12
Baninko (p)	E 5	Bapouro (v)	I 6
Baniquara (v)	N 7	Baputu (v)	A 11

Bara (v)	L	2	Barouparou (v)	N	7
Barabo (p)	G	9	Barracoé (pte)	K	12
Barabou (v)	D	12	Barracoé (v)	K	12
Baraboulé (v)	I	3	Barrage de Toundoufarma	H	1
Bara-Issa (r)	G	2	Basa (v)	K	10
Id.	H	1	Basafé (v)	L	10
Barakody (v)	H	10	Bas-Buchanan (v)	A	12
Barama (v)	I	4	Bassa (v)	E	13
Baramandougou (v)	G	4	Bassa (Comté de Grand-)	B	12
Barana (v)	I	10	Bassa (v)	E	6
Barani (v)	G	4	Bassa (Petit-) (v)	A	11
Baranindou (v)	E	5	Bassa (Grand-) (v)	A	12
Baratoumba (v)	B	8	Bassari (v)	L	8
Barba (p)	L	6	Bassikounou (v)	D	2
Barba (v)	L	7	Bassila (v)	M	8
Id.	L	7	Bassin (v)	N	9
Barbar (v)	L	6	Id.	N	9
Barbé (v)	F	12	Bassam (Grand et Petit-) (v)	G	12
Baré (v)	H	5	Basso (v)	H	8
Barei (v)	M	8	Bataha (v)	K	1
Bari (v)	J	3	Bataki (v)	A	9
Id.	G	7	Baté (v)	N	9
Bariba (p)	M	7	Bato (v)	L	11
Id.	N	7	Id.	L	10
Bariconda (v)	O	6	Battokho (v)	I	6
Barienou (v)	M	8	Id.	I	6
Bariviri ou Jode ou Moare (r)	J	7	Batouma (v)	G	2
Id.	K	7	Bautry (v)	I	13
Barga (v)	K	5	Bavia (v)	A	11
Bargué (v)	H	3	Bayacourey (v)	C	10
Barkabagou (v)	F	4	Bayamiso (v)	K	9
Barkanelbi (v)	H	2	Bayatou (r)	G	11
Barkeïna (v)	J	1	Bazina (v)	I	6
Barkoma (v)	A	10	Beacabo (v)	Q	12
Barline (Comté de)	A	10	Bear Town (v)	P	12
Barmaquirlla (v)	C	10	Beaufort (île)	R	10
Barnana (v)	D	5	Beba (mts)	L	2
Baro (v)	B	7	Bécédi (v)	G	12
Barokou (v)	E	12	Bedavo (v)	M	10
Barona (v)	A	8	Bedou (v)	M	9
Baror (v)	K	1	Bedougou (v)	F	6
Baroueli (v)	E	4	Beffa (r)	N	9
Bar Ouill's Town (v)	B	12	Begbéra ou Tchaourou (v)	N	9

Bégondougou (v)	O	6	Beniaou (v)	M	4
Begoro (v)	K	11	Bénin (r)	P	12
Begourou (v)	L	3	Bénin (Nouveau-) (v)	P	12
Id.	N	8	Bénin (Golfe de-)	O	12
Begui (v)	P	8	Id.	P	12
Béïa (v)	K	7	Bénin (p)	Q	11
Beimi (v)	K	9	Bénin (v)	Q	11
Bekoua (v)	J	11	Benokhobougou (v)	E	6
Bekouaé (v)	J	11	Benou (v)	F	10
Bekoué (v)	I	11	Bensou (v)	I	12
Bekouy (v)	H	6	Ber (Issa-) (r)	H	1
Belanga (v)	K	5	Id.	G	2
Bellari (v)	M	4	Béré (v)	P	8
Bélé (v)	J	7	Id.	O	8
Id.	P	8	Id.	F	5
Bélécoro (v)	B	8	Berebana (v)	H	6
Bélédougou (p)	C	5	Bereby-Mani (v)	D	13
Id.	C	4	Bereby (Grand-) (v)	D	13
Id.	D	4	Id.	D	13
Béléhédé (v)	J	3	Bereby (Roc-) (v)	D	13
Béléko (v)	Q	9	Berégourou (v)	O	8
Béléko (v)	E	5	Bérékoudo (v)	O	10
Bélel (v)	K	3	Bérékouy (v)	H	5
Belességué (v)	E	8	Béréla (v)	F	4
Belmé (v)	I	8	Béreina (v)	G	4
Belon (v)	M	8	Berenicagny (z)	F	4
Beloung-o ou Belousa (v)	J	7	Beresso (v)	F	5
Belousa ou Beloung-o (v)	J	7	Beressou ou Seni (r)	K	10
Beloussa (v)	K	5	Rérétésétiguia (z)	C	8
Béma (v)	I	4	Béri (v)	J	6
Bembé (v)	N	11	Beria (v)	O	8
Bembéléké (v)	N	7	Beria (v)	C	6
Id.	N	7	Beroniasi (v)	L	9
Bembila (v)	K	9	Besan (v)	R	9
Béné (v)	A	7	Bessedougou (v)	B	9
Bénéa (v)	G	10	Bessénéré (v)	A	8
Bénéna (v)	G	5	Bétay (v)	N	8
Benda (v)	A	5	Betenou (v)	N	8
Bendenoi (v)	H	10	Béti (v)	H	3
Bendiana (v)	E	5	Betou (v)	H	2
Bendou (v)	A	9	Betouïsou (v)	I	12
Bendougou (v)	A	7	Bettié ou Kodjina (z)	G	11
Bendougou (v)	F	4	Bettié (p)	G	11

Betui (r).	H	11
Beyaloun (r)	H	8
Beyin (v)	I	13
Beyla (v).	C	9
Bia (r).	H	11
Id.	H	12
Bia (v).	K	1
Id.	E	13
Biano (v)	H	12
Id.	H	11
Bibélé (v)	G	10
Bibiou (v)	I	5
Bidarou (r)	L	7
Biddi (v).	K	3
Bidou (v)	E·	12
Bikini (v)	N	5
Bila (v)	F	4
Bilamoal (v).	L	4
Bilicoro (v)	A	8
Bima (v).	H	5
Id.	J	7
Bimbama (v)	L	7
Binangao (v)	C	9
Binco (v)	B	7
Id.	B	7
Bindouré ou Gouziekho (v).	K	7
Binoua (v).	O	7
Biposso (v)	J	12
Birama (Dougou-) (v).	G	6
Biramadougou (v).	C	9
Birni (v).	M	8
Birnilafia (v)	N	5
Birou (v).	B	2
Birrim (r).	J	11
Bismarckburg (v).	L	9
Bissandougou (v).	B	8
Bissiga (v)	J	5
Bitagongo (v).	H	1
Biti (v)	H	6
Bitougou ou Bondoukou (v)	H	10
Id.	I	10
Bizougoa (v)	M	6
Bla (v).	F	5

Blé (v).	M	8
Blé ou Goffa (v)	G	12
Blédi (v).	F	10
Blei (v)	K	9
Blénio (v)	E	7
Blenyo (v)	L	11
Blet (v)	D	13
Blieron (v).	D	13
Blitta (v)	L	9
Bloc Barra (P^te).	B	13
Block House (v).	B	11
Bo (v)	H	5
Boa (r).	D	9
Boba (r).	D	13
Bobalah (v)	D	5
Bobé (v).	M	9
Bobela (v).	E	4
Boben (v)	J	10
Bobo (v).	G	9
Bobo-Dioulaso ou Sia (v).	G	6
Bobo-Fing ou Bobo-Dioula(p)	G	6
Id.	H	6
Bobo-Oulé (p).	G	4
Id.	G	5
Bobos (p)	G	4
Bobo-Scianso ou Souma-		
Sangasso (v)	G	5
Boccacoré (v).	H	11
Bocé (v)	H	4·
Bodi (v)	P.	10
Bodjécati (v).	N	6
Bodo (Kaalr-) (v)	B	10
Boé (v).	B	9
Boëlé (v).	M	11
Bœufs (Iles-aux) -.	R	12
Boffo (v).	R	10
Boffo-Krou (v).	H	12
Bofolakoro (v).	B	9
Bofori (v)	I	6
Bogho (v)	O	9
Bogo (v).	H	3
Bogné (v).	H	12
Bogné (r)	H	12

Bogro (v)	I	6	Boni (v)	L	7	
Bogui (v)	L	5	Id.	I	2	
Boguié (v)	E	4	Boni (District de)	I	2	
Bohehi (v)	H	9	Bonkolenkéné (v)	A	9	
Bohin (v)	N	9	Bonkor (Lac de)	H	1	
Boïfo (v)	N	6	Bonlé (r)	H	9	
Bojeh (v)	A	11	Bonnier (Lieu du massacre			
Bokara (v)	G	10	de la-)	H	1	
Bokaso (v)	F	12	Bonon (v)	G	10	
Bokhassa (v)	B	10	Bonsa (r)	I	12	
Bokhassou (v)	A	9	Bonsa ou Apankrou (v)	I	12	
Bokipé (v)	I	9	Bonséna et Minta (Districts			
Bola (p)	L	2	de)	I	2	
Bolakoro (v)	D	6	Bonsénoré (v)	I	4	
Bolé (v)	E	5	Boola (v)	C	9	
Bolé ou Boualé (v)	I	9	Bootoo ou Boutou (Petit et			
Bolel (v)	I	1	Grand-) (v)	B	12	
Boloko (v)	M	8	Bopa (v)	M	11	
Bolokola (v)	B	7	Boradou (v)	L	10	
Bolona (v)	E	7	Boré (v)	H	2	
Bombodji (v)	N	5	Boremann (v)	J	10	
Bombonno (v)	A	10	Bori (v)	N	8	
Bomborékouy (v)	G	5	Id.	I	1	
Bomboukrou (v)	G	11	Bornou (campement de Ma-			
Bommo (v)	A	1	didou)	L	1	
Bompata (v)	J	11	Boro (v)	M	7	
Bompong (v)	K	11	Id.	F	8	
Bonabo (v)	K	7	Borogou ou Bourgou (v)	L	7	
Bondasoné (v)	I	6	Boromo (v)	H	6	
Bondjoukou (v)	L	7	Boropoé (v)	H	9	
Bondou (v)	H	6	Borotou (v)	D	9	
Id.	H	10	Borou (v)	N	8	
Bondou ou Dabo (v)	J	6	Id.	O	8	
Bondoukoi (v)	H	6	Boroutou (v)	Q	12	
Bondoukou ou Bitougou (p)	H	10	Bossa (v)	I	7	
Id.	I	10	Bossébango (v)	L	4	
Bonfou (v)	I	9	Bossitoumou (v)	F	3	
Bong (v)	I	6	Bossola ou Bossora (v)	G	6	
Id.	E	8	Bossonot (lac)	J	11	
Bonganiéna (v)	I	6	Bossora ou Bossola (v)	G	6	
Bongara (v)	D	9	Bota (mt-)	E	8	
Bongoro (v)	A	9	Botokou (v)	L	11	
Bongouaso (v)	F	10	Botomé (v)	L	11	

Botto (v)	G	8	Bougouti (v)	G	7
Bou (p)	H	6	Bouguisi (v)	O	8
Bouadougou (v)	F	10	Bouhé (v)	A	10
Bouaka (v)	G	10	Bouhourou (r)	F	12
Bouakri (v)	H	9	Bouica (v)	F	12
Boualé (Etats de)	I	9	Bou Tomisse (p)	E	4
Boualé ou Bolé (v)	I	9	Bouillé (v)	A	8
Bouana (v)	I	5	Bouiten (v)	F	12
Bouau (v)	C	10	Bouka (v)	P	8
Bouavéré (v)	F	11	Bouké (v)	F	10
Bouay (v)	N	7	Boukeni (v)	E	5
Bouay (v)	N	7	Bouki (v)	H	6
Boubo (v)	M	4	Boukou (v)	H	10
Boubolé (v)	N	4	Boukoubaro (v)	C	9
Boubou (v)	K	6	Boukouri (v)	K	7
Bouboulou (v)	K	7	Bouli (v)	B	2
Bouboumodi (v)	F	2	Bouli (v)	G	5
Bouches duNiger ou Kouara	Q	13	Boulomi (v)	I	8
Boudjiguiré (v)	E	3	Boulori (r)	L	7
Boudon ou Igbido (v)	R	9	Boulougang (v)	L	11
Boudo-Odé (v)	O	7	Bouloum (v)	M	8
Boudoudi (v)	J	4	Boulousé (v)	C	4
Boudougué (v)	L	3	Boulti ou Tiansi (p)	I	7
Boué (v)	H	12	Id.	J	7
Boueiké ou Bahouétah (v)	C	10	Boumbou (v)	H	3
Bouglédon (v)	F	12	Boumboum (v)	O	8
Bougou (v)	H	1	Boumpa (v)	K	9
Id.	G	9	Bouna (Etats de-)	H	9
Bougouda-Iri ou Tourou (v)	K	9	Bouna (v)	H	9
Bougoukouna (v)	E	4	Boundoré (v)	L	4
Bougoula (v)	D	5	Bounou (v)	E	4
Id.	G	4	Id.	H	9
Id.	B	8	Bounourbi (v)	I	9
Id.	E	5	Bouoniérédougou (v)	F	9
Id.	F	6	Bouperé (v)	K	7
Id.	D	6	Boupi (v)	J	9
Id.	E	5	Bourakouy (v)	H	5
Bougouni (v)	E	5	Bourameka (v)	H	2
Id.	D	6	Bouré (v)	L	2
Bougounso (v)	F	5	Bourem (v)	K	1
Bougouri (v)	H	6	Id.	I	1
Bougouri-ga (v)	H	7	Bouri (v)	I	6
Bougousso (v)	D	8	Bourgou (p)	G	3

Bourgou ou Borogou (v) . .	L	7	Boyérou (v).	J	8
Bouroubourou (v).	G	12	Brabis (p).	F	2
Bourouko'(v)	B	8	Brakoüa (v)	J	12
Bourgoula (v)	D	6	Brandenbourg (v).	I	13
Bourrasso (v)	I	12	Branzi (v)	G	10
Boussa (p).	O	7	Brass Crak (v)	Q	12
Id.	P	7	Bravo (v)	M	10
Boussanga (v).	K	6	Bréboué (v).	D	11
Boussangsi (p)	K	6	Brédébré-Kotrou (v)	E	12
Bousse (v).	H	5	Breïakou (v).	M	8
Boushé (v)	E	4	Brettou (v).	D	13
Bousié (Comté de)	A	10	Bribéri (p)	E	11
Boussou (v).	I	5	Brimann (v).	I	12
Boussoum Prah (v).	J	12	Brimay (r).	E	13
Boussouma (v)	J	5	Brimbo (v)	F	12
Boussoura (v).	O	6	Bringua (campement). . . .	H	9
Boussourima (v)	J	5	Brofodomoa (v)	G	12
Boutal (v)	C	2	Brong (p).	J	10
Bouté (v)	J	9	Id.	K	10
Boutebo (v)	I	12	Broundé (v).	F	12
Boutou ou Bootoo (Petit et			Broussa (p)	I	12
Grand) (v)	B	12	Buchanan (Bas-) (v).	A	12
Boutoubré (v).	E	12	Id. (Haut-) (v)	A	12
Boutoum (v)	M	8	Budu (v).	C	13
Boya (v).	A	9	Bukary (v).	G	3

C

Cabi (v)	O	7	Cantoulou (pic)	M	9
Caboli (v)	M	9	Cap-Coast-Castle (Ogoua)		
Cabopari (v).	J	7	(v).	J	12
Caboua (v).	N	9	Carcy's burg (v)	A	11
Caillié (Ile René-)	R	11	Carnotville (v).	M	9
Caleba (v).	H	8	Caroumana (v).	N	5
Cali (v)	O	8	Cavally (r)	D	12
Id	N	7	Cavally (v).	D	13
Calima (v).	P	8	Cavally ou Dour (r). . . .	D	13
Cambonata (v).	K	7	Cess ou Cestos (r)	B	12
Cambossi (v).	H	8	Cess (New-) (v).	A	12
Canadougou (p).	E	6	Cess (Rock-) (v)	B	12
Canaou (v)	M	10	Cestos (Cess) (r).	B	12
Candio (v).	H	8	Cestos (Grand-) (v).	B	12
Canoé (v)	Q	12	Cestos (Petit-)(v).	B	12

Chabi (v)	N	8	Cosimalo (v)	P	7
Chabor (v)	K	1	Côte des Esclaves	M	12
Chacha (v)	N	11	Id.	N	12
Chama (p)	I	13	Id.	O	12
Chama (v)	J	12	Côte des Graines	A	12
Chefo (v)	N	6	Id.	A	13
Cheko (v)	R	9	Id.	B	13
Chepetchi (v)	O	9	Côte d'Ivoire (Colonie)	D	12
Chida (v)	I	12	Id.	E	12
Chori (v)	N	8	Id.	F	11
Choun (r)	O	11	Id.	G	12
Choun (r),	P	10	Côte du Niger (Protectorat		
Christianbourg ou Osou (v)	K	12	de la)	Q	12
Clarendon (île)	Q	13	Id.	Q	13
Coché (île)	R	12	Id.	R	13
Coco (v)	M	9	Côte d'Or	K	13
Cocotirambo (v)	H	12	Coti (v)	N	6
Coda (v)	N	9	Coulda (r)	H	8
Coggi (v)	Q	9	Coundou (v)	J	7
Columbi (v)	M	9	Courai (r)	C	8
Comba (v)	H	8	Coutago (v)	M	9
Commindah (v)	J	12	Coutatougou (v)	F	8
Comoé (fl)	G	11	Crizerville (v)	A	11
Comoë (r)	G	8	Culloh (Grand-) (v)	H	12
Comoé (r)	F	7	Culloh (Grand-) (r)	A	12
Compantié (v)	N	5	Culloh (Petit-) (v)	A	12
Condio (v)	J	3	Culloh (Petit-) (r)	A	12
Congoli (Pic)	I	7	Curamo (île)	O	11

D

Da (v)	F	4	Daboiri (v)	G	8
Daang (v)	I	12	Daboisué (v)	H	11
Daba (v)	C	4	Dabokriza (v)	G	9
Dabakala (v)	G	9	Dabou (v)	G	12
Dabakira (v)	H	9	Id.	Q	9
Dabala (v)	B	7	Daboura (v)	G	5
Id.	D	9	Daboya (v)	J	8
Dabasso (v)	E	7	Dabrikourou (v)	F	10
Dabila (v)	F	5	Dadiasi (v)	K	9
Dablatona (v)	G	7	Dadiasi (v)	H	10
Dabo ou Bondou (v)	J	6	Dadiasou (v)	H	11
Daboiri (v)	G	8	Dadié (v)	G	10

Dadio (v)	E	6	Daloué (v)	M	4
Dadioso (v)	H	12	Dama (v)	H	6
Dadji (Lac)	I	1	Damana (v)	E	7
Dadjo (v)	M	9	Damandougou (v)	A	7
Dadoara (v)	L	9	Dambé (v)	I	4
Dafina (p)	H	5	Dambema (v)	I	5
Dafinso (v)	G	6	Dambokané (v)	E	7
Dagabakka (p)	H	7	Damerou (v)	N	9
Dagabès (Touaregs-) (p)	J	2	Damfa (v)	D	3
Dagalé (v)	H	4	Damin (v)	E	4
Dagbe (r)	E	12	Dammaso (v)	G	8
Dagneï (v)	M	3	Damon (v)	I	5
Dagomba (p)	K	8	Damsa (v)	K	9
Daguena (v)	E	4	Dan (v)	M	10
Daguire (r)	E	12	Dandi (v)	G	6
Daguiré (p)	F	12	Dandougou (v)	E	5
Dagredou (v)	F	12	Dandougou (v)	G	7
Dah (r)	J	11	Id.	F	9
Dahoussi (v)	C	2	Danédougou (v)	G	9
Daka (v)	H	5	Danfiebougou (v)	E	4
Dakara (v)	G	9	Dangalé (v)	K	4
Dakara (v)	F	8	Id.	K	3
Dakay (v)	J	6	Dangheli (v)	C	2
Dakéléné (v)	D	10	Dangou (v)	H	1
Dakha (v)	J	5	Dangouma (v)	G	6
Id.	L	8	Danguerla (v)	F	8
Dako (r)	L	8	Danian (v)	D	6
Id.	K	9	Danibé (r)	E	12
Dako ou Sako (v)	Q	9	Danka (v)	B	6
Dakoni (v)	F	4	Danka Sikoro ou Ouaran (v)	C	6
Dakoro (v)	F	7	Dankoumana (v)	F	5
Dakou (v)	E	6	Dannesou (v)	I	10
Dakouné (v)	I	11	Daangy (r)	L	11
Dakourbé (v)	I	9	Danou (v)	N	11
Dalaba (v)	D	6	Dantamaso (v)	K	9
Dalaba (v)	B	7	Dantoumanda (v)	C	6
Dalafouni (v)	A	7	Dao (p)	H	7
Dalananian (v)	B	8	Daoua (v)	J	9
Dalango (v)	F	9	Daoudabougou (v)	F	6
Dalia (v)	L	10	Daouda Koulé (v)	C	2
Dalla (v)	I	2	Daoulaso (v)	F	7
Dalla (p)	I	2	Daouloula (v)	E	5
Dallou (v)	I	6	Daouna (Lac-)	G	1

Daouna (*Lac-*)	H	1	Dembasiria (*v*)	A	7
Daouvé (*v*)	I	3	Dembosala (*v*)	D	2
Dapé (*v*)	E	12	Dendi (*p*)	N	5
Dapo (*p*)	D	13	Id.	N	6
Dapou (*v*)	Q	9	Denga (*v*)	L	4
Darakou (*v*)	F	12	Id.	G	3
Dargou (*v*)	K	6	Denguéra (*v*)	G	12
Dari-Daré Salam (*v*)	H	2	Denkéra (*r*)	I	11
Darigoué ou Donagué (*v*)	G	7	Denkera (*p*)	I	12
Dasoulanti (*v*)	G	7	Id.	J	12
Dassa-Sapointa (*v*)	N	10	Denkiéna (*v*)	G	6
Day (*v*)	I	1	Denou (*ι*)	H	10
Day (*Marigot de-*)	I	1	Densou ou Oumo (*r*)	K	11
Dchavoé (*r*)	L	11	Id.	K	12
Dé (*r*)	H	3	Denté (*v*)	K	9
Debako (*v*)	E	12	Dentinian (*v*)	B	6
Debdou (*v*)	A	8	Déra ou Léra (*v*)	F	8
Débé (*v*)	H	4	Derebro (*v*)	F	11
Id.	E	13	Dergana (*v*)	L	2
Débéri (*v*)	H	3	Desa (*v*)	M	3
Débété (*v*)	E	7	Deshi (*v*)	J	3
Debisou (*v*)	H	11	Deso (*v*)	F	5
Debo (*Lac-*)	G	2	Desséné (*v*)	D	9
Débouré (*v*)	J	5	Dewah (*r*)	C	12
Décamé (*v*)	M	11	Deya (*v*)	A	8
Id.	N	11	Dhia (*v*)	E	8
Dedettou (*v*)	M	10	Di (*v*)	H	4
Dedi ou Sendi (*v*)	H	9	Dia (*v*)	F	3
Dedou (*v*)	H	5	Diaba (*v*)	F	6
Deflé (*v*)	D	7	Diabadougou (*v*)	C	9
Degouba ou Fa (*v*)	D	12	Diabéré (*v*)	I	6
Dehonoulin (*v*)	D	13	Diabo (*v*)	K	5
Deinba (*v*)	H	10	Id.	L	6
Dékala (*v*)	O	7	Diafangué (*v*)	K	5
Dekniou (*v*)	H	9	Diafaouréla (*v*)	E	4
Dekoko (*v*)	K	11	Diafarabé (*v*)	F	3
Dekouy ou Doukouy (*v*)	G	5	Diafiala (*v*)	F	5
Dekpekoué (*v*)	L	11	Diafilana (*v*)	B	9
Déléguédougou (*v*)	G	9	Diagadou (*v*)	A	3
Delga (*v*)	I	3	Diagbalo (*v*)	M	9
Deli (*v*)	P	12	Diagboua (*v*)	F	12
Deloubabé (*v*)	G	1	Diago (*v*)	D	12
Demani (*v*)	G	5	Id.	C	5

Diagouadougou (v)	B 9	Diamma (v)	I 9
Diagourou (v)	L 3	Diammaka (v)	K 7
Diahel (v)	M 4	Diammou ou Laffatéré (p) .	I 9
Diaka (Marigot de-)	G 2	Diampan (v)	H 6
Diaka (v)	A 4	Diana (v)	H 2
Diakabé (v)	H 2	Dianfé (v)	I 5
Diakira (v)	F 3	Diangana (v)	B 7
Diala (v)	E 6	Dianghirté (v)	B 3
Id.	H 5	Dianginébougou (v)	D 4
Id.	A 3	Diangobo (v)	G 11
Id.	C 7	Diangosso (v)	G 5
Dialabougou (v)	E 4	Diangouté-Kamara (v) . . .	B 3
Dialacoro (v)	B 6	Diangui (v)	H 12
Id.	G 7	Dianguerla (v)	E 6
Id.	C 5	Diankabo (v)	H 3
Id.	D 5	Diankrou (v)	G 10
Id.	E 4	Dianna (v)	E 5
Id.	E 7	Id.	E 6
Id.	E 6	Dian-né (p)	H 7
Dialacoroba (v)	D 6	Dianoa (v)	O 6
Dialacorobougou (v)	B 6	Dianou (r)	B 9
Dialacorodougou (v)	A 9	Diantana (v)	C 8
Dialacoroso (v)	G 8	Dianveli (v)	F 2
Dialacoura (v)	B 7	Dianvély (v)	F 3
Dialia (v)	B 8	Diaoua (v)	H 2
Dialaka (v)	A 3	Diaouć (v)	E 12
Dialakoro (v)	A 8	Diapaga (v)	M 5
Id.	E 5	Diarakrou (v)	G 8
Dialaï (v)	H 4	Diaramana (v)	F 5
Dialakourou (v)	C 7	Diarto (v)	G 2
Dialanicoro (v)	D 6	Diaseidougou (v)	C 9
Dialankoro (v)	A 8	Diassa (v)	F 6
Dialangou (v)	G 3	Diassa (Sierabala-) (v) . . .	E 7
Dialiba (v)	B 6	Diassardou (v)	A 8
Id.	B 6	Diavalo (v)	G 4
Dialloucou ou Djalloukou (v)	M 10	Dibantoukoro (r)	C 6
Dialoudou (v)	A 9	Dibantoukoro (v)	D 6
Diamadoua (v)	H 2	Dibi (v)	H 12
Diamala (v)	G 3	Dibokouro (v)	F 11
Id.	G 10	Dida (v)	F 11
Diamangou ou Pindiagou (v)	M 5	Didievi (v)	F 11
Diambarakrou (v)	H 11	Didi (v)	B 6
Diambolo (v)	H 3	Didjina (v)	P 7

Drogouro (v)	F	12	Dumba (v)	D	4
Droma (v)	J	10	Dumbira (v)	H	2
Dugueah (r)	A	11	Duna (v)	J	3
Duhinabo (v)	H	10	Dyoum Kalga (v)	I	4
Dukourbé (v)	I	9	Dzida (v)	F	12

E

East (île)	R	11	Ekebri (v)	Q	13
Ebagui (v)	Q	9	Ekhi (v)	L	11
Ebikrou (v)	H	12	Ekinamoué (v)	G	11
Ebilassékourou (v)	H	11	Ekitekou (v)	I	13
Ebochi (v)	R	9	Ekolé (v)	Q	13
Ebrié (p)	G	12	Ekou (v)	Q	12
Eckou (v)	P	7	Ekouekou (v)	R	11
Eddo (v)	P	12	Ekpé (v)	N	11
Edé (v)	P	10	Elder Chenal (r)	Q	12
Edina (v)	A	12	Elekba (v)	O	9
Edjiba (v)	Q	9	Elengué (v)	E	10
Edjigbo (v)	P	9	El Hedi (v)	H	10
Edjounta Kassi (v)	J	11	Elima (v)	H	12
Edjoura (v)	J	10	Elloubo (v)	I	12
Edo (v)	R	9	Elmina (p)	J	12
Edomou (v)	O	11	Elmina (v)	J	12
Edoni (v)	Q	13	Elmine-Chisa ou Agavedsi		
Edoudjan (v)	J	10	(v)	L	11
Efirantiou (v)	I	10	Elouacrou (v)	H	11
Efoun (v)	K	9	El Oualédio (v)	J	1
Egba (v)	P	11	El Oualedji (v)	H	1
Egbé (v)	Q	9	Eloubou (v)	H	12
Egbo (v)	R	9	Emina (v)	O	11
Eggan ou Egoa (v)	N	10	Emmela (v)	H	1
Eggan (v)	R	9	Enchy (Ndié) (v)	I	12
Eggandji (v)	P	8	Enniki (v)	P	11
Egoa ou Eggan (v)	N	10	Eodomé (v)	L	10
Eguedesch (v)	J	1	Eoua (v)	N	10
Egui (v)	O	8	Epé (v)	O	11
Ehama (r)	H	12	Eraco (v)	A	8
Ehaneka (v)	H	12	Eratafan (p)	L	3
Ehy (lagune)	H	12	Erna (v)	H	1
Eira (v)	K	10	Ernessé (p)	I	1
Ejori (v)	N	11	Eroua (v)	O	10
Ekanné (v)	P	10	Erouroubou (v)	I	12

Esalai (v)	O 9	Etats de Babemba	F 6
Esajato (v).	Q 13	Id.	G 6
Escardos (r)	P 12	Etats de Boualé.	I 9
Esclaves (Côte des)	M 12	Etats de Bouna	H 9
Id.	N 12	Etats de Kong	F 8
Id.	O 12	Id.	G 8
Esoun (v)	R 9	Etats de Madidou.	K 2
Esouosou (v)	I 10	Id.	L 1
Essé (v).	L 11	Id.	M 1
Essé (v).	M 11	Etchilé (v).	M 3
Esseado (v)	O 10	Ethiopie (r).	Q 12
Essini (v)	H 12	Etikum (villages)	N 11
Essouda (v)	H 11	Etimboué (v)	H 12
Essoufouna (v)	J 12	Etoudi (v)	N 10
Essuendi (v).	H 12	Etuikoffi (v).	H 10
Esuako (v).	H 10	Eturibnsa (v)	H 12
Etats d'Aguibou (p)	H 3	Eugénie (Iles).	R 10
Id.	I 3	Eviano (v).	H 12
Etat de Ahmadou Abdoul .	G 4	Eysseric (Itin.)	F 10
Etats de Babemba	E 7		

F

Fa ou Degouba (v)	D 12	Falembougou (v)	H 2
Fabala (v)	B 8	Faliko (r)	A 8
Fabalé (v)	E 4	Fallaoulla (v).	C 9
Faboula (v)	C 7	Fallo (v).	G 2
Fada N'Gourma ou Nomma		Fallo (v)	E 5
ou Noungou (v).	L 5	Falocouna (v)	E 6
Fadiola (v)	D 5	Fama (v).	F 6
Faendou (v)	A 9	Famadia (v).	B 8
Fafa (v)	M 2	Famakine (v)	P 11
Faguibine (Lac).	G 1	Famaloko (v)	E 8
Id.	H 1	Famani (v)	C 10
Fahourou (v)	G 4	Famaradougou (v)	F 8
Faira (v).	E 4	Fami Kesou (v)	K 9
Fakhala (p)	G 4	Faminia (v)	B 8
Fakhalé (v)	H 8	Famounsou (v).	F 5
Fakola (v).	D 7	Fan (v).	C 10
Fakorédougou (v).	C 9	Fan (v).	F 6
Fakorossou (v)	D 9	Fana (v)	F 4
Fala (v)	E 7	Fanabo (v).	H 12
Falaba (v)	B 6	Fanana (v).	G 8

Fanga (v)	P	8	Fassaba (v)	A	9
Fangala (v)	A	4	Fassankorondi (v)	B	9
Fangouba (v)	E	7	Fassecoma (v)	H	5
Fani (v)	D	4	Fatacara (v)	H	1
Fani (v)	F	4	Faténé (v)	F	4
Faniénéma (v)	F	6	Fati (Lac de)	H	1
Fansan (v)	A	8	Faura (v)	F	3
Fanté (v)	J	12	Faurax (Fort-) (v)	N	11
Fanteso (v)	C	10	Favéra (v)	E	10
Fantia (p)	J	12	Fay (v)	N	6
Fantirila (v)	E	6	Faya (r)	D	5
Fantola (v)	E	6	Fegou (v)	D	5
Fanvier (v)	N	11	Feni (v)	G	6
Fara (v)	G	6	Férédougouba (r)	D	9
Faraba (v)	C	6	Fessou (v)	J	12
Faraba (v)	C	6	Fetala (v)	M	8
Id.	D	6	Fétigué (v)	K	6
Farabakourou (v)	D	6	Feto Bani (v)	M	4
Farabala (v)	D	7	Fettah (v)	K	12
Farabama (v)	B	8	Feulié (v)	K	8
Farabongo (v)	H	1	Fia (v)	C	5
Farabougou (v)	B	3	Fia (v)	J	1
Farabougou (v)	E	3	Fiansso (v)	F	5
Faracoro (v)	D	8	Fiasé (v)	G	11
Faradienne (v)	D	6	Fié (r)	C	7
Faragaran (v)	D	6	Fié (r)	C	6
Faraka (v)	E	5	Fifini (v)	G	4
Farakoraba (v)	E	6	Figuera (v)	C	6
Faramoria (v)	A	8	Fiko (v)	G	3
Faranah (v)	A	8	Fikri (v)	N	7
Farandala (v)	A	8	Filadembo (v)	O	6
Faraudougou (v)	B	8	Filadougou (v)	C	7
Faranguema (v)	A	8	Fili-Fili (v)	I	3
Faranindou (v)	C	7	Filiyo (v)	J	3
Faraoua (v)	F	5	Finebah (v)	Q	12
Farba (v)	B	6	Fing (Bobo-) ou Bobo-Dioula (p)	G	6
Farca (v)	M	3	Id.	H	6
Farimaké (p)	G	2			
Faringa (v)	G	6	Fingolo (v)	F	6
Farmassadougou (v)	A	8	Finley (mts)	B	11
Farmington (r)	A	11	Fion (v)	G	4
Fasélemou (v)	G	9	Firakoro (v)	D	8
Fasougou (v)	L	9	Firaoua (v)	A	8

Firiko (v)	A 8	Fort Archinard (v)	N 4
Firkou (v)	M 3	Fort Faurax (v)	N 11
Firou (v)	M 7	Fosalia (v)	A 8
Fishtown (v)	A 11	Fou (v)	K 8
Id.	C 13	Foudibou (v)	N 9
Fish Town (v)	B 12	Fougalé (v)	D 4
Id.	P 12	Fougani (v)	D 5
Fissabué (v)	B. 10	Fougoula ou Banda (v)	I 10
Fissankoro (v)	B 8	Foukala (v)	C 9
Fitchei (v)	M 4	Foulaboula (v)	D 6
Fitouka (p)	H 2	Fouladougou (p)	B 4
Fo (v)	G 6	Fouladougou (v)	C 5
Fobié (r)	I 8	Foulasso (v)	G 6
Fodécaria (v)	B 7	Foulbés (p)	H 1
Fofo (v)	Q 9	Foulbés (p)	M 4
Fogui (v)	D 4	Foulimana (v)	G 6
Fokou (v)	O 9	Foumbolo (v)	G 9
Folia (v)	B 8	Founa (v)	H 5
Foma (v)	B 9	Foundoum (v)	L 10
Fomana (v)	J 11	Fourou (v)	E 7
Fombori (v)	H 3	Fouroubou (v)	B 9
Fomso (v)	J 11	Fourougoula (v)	F 10
Fondouca (v)	G 4	Fouroukouna (v)	E 7
Fondougou (v)	C 9	Fouroulaka (v)	F 6
Fonfona (v)	F 5	Foüzi (v)	G 3
Fonila (v)	B 9	Fra (r)	J 11
Forcados (r)	P 12	Frambo (v)	H 12
Forfa (v)	M 7	Franga (v)	A 3
Formose (Cap des Palmes		Fredensborg (p)	K 12
ou-)	Q 13	Fresco (v)	F 12
Forontaféso (v)	H 7		

G

Ga (v)	K 8	Gaima (p)	L 1
Id.	H 2	Gaindekki (v)	N 9
Gâ ou Accra (v)	K 12	Gaïrou (v)	H 1
Gabia (v)	F 11	Gakhalou (v)	D 7
Gagoul (v)	G 9	Gakoré (v)	I 1
Gagouli (v)	H 8	Galaghi (v)	B 10
Gagouro (v)	H 10	Galé (v)	B 5
Gagous (p)	E 11	Galia (v)	G 4
Gahingon (v)	N 10	Galo (v)	F 12

Galondji (v).	O	7	Gari-N'Seïdi (v).	J	9
Gam An (p).	H	10	Gari-Seydou (v).	I	8
Gamaré (v)	N	7	Garo (v)	F	5
Gamba ou Goulga (r). . . .	K	7	Id.	E	4
Gambaga Natenga ou Gam-			Garo (lac).	I	1
bakha (v)	K	7	Garokaïna (v)	M	3
Gambakha (p).	K	7	Garou (v)	M	4
Gambakha ou Gambaga Na-			Garoué (v).	K	8
tenga (v)	K	7	Garraway (v)	C	13
Gambané (v).	N	7	Garraway (Old-) (île). . . .	C	13
Gambari (p)	N	8	Gassan (v).	H	5
Gambatia (v).	N	5	Gauthier (île)	K	1
Gambouré (v)	M	7	Gaya (v)	O	6
Gamé (v).	L	11	Gaye (v).	H	2
Gammé (v).	L	10	Gazueko (v)	E	12
Gandiari (Sansanné-) ou Sa-			Gbaoigoua (v).	O	8
ti (v).	I	6	Gbassa (v).	N	7
Gando (p).	N	5	Gbessé (v).	O	11
Gandou (v).	L	7	Gbétokoé (v)	L	11
Gandou (v).	M	8	Gbougbra ou Prampram (v).	K	12
Ganey (v)	G	3	Géba (v).	P	8
Gangaran (p)	A	4	Gedeye (mt).	C	12
Gangaré (v)	H	2	George (île)	Q	13
Gangoro (v)	F	10	Geou (v).	A	9
Gangougou (v).	L	4	Geweh (v)	A	10
Gankara (v).	B	9	Ghirma (v)	M	7
Gan-né (p).	H	8	Gibby (comté de)	A	11
Ganoiré (v)	K	9	Gilla (v).	N	10
Ganozoni (v).	E	9	Gilli-Gilli (v)	Q	11
Ganté (v).	O	6	Gilmaro (v)	M	7
Ganto (v).	I	1	Ginko (v)	D	4
Ganzourgou (v)	H	5	Giro (v)	R	9
Gao (v)	K	1	Gkomba (v)	G	10
Gaoui (p).	L	I	Glaoulo (p)	C	12
Gaouloubri (v).	E	12	Id.	D	12
Gaouy (v)	G	9	Glehi (v).	L	10
Garafiri (v)	P	7	Gléoulo (v)	D	11
Garalla (v).	F	3	Goa (v)	F	4
Garani (v).	D	6	Goa (r)	C	9
Garaso (v)	C	10	Gobi (v)	H	2
Garbome (v).	J	1	Gobo (v).	F	12
Gardio (v)	G	2	Gobo (v).	N	9
Garic (v).	M	3	Gobouo (v)	F	12

Godomey (v)	N 11	Gouamelasso (v)	E	9
Gofé (v)	I 8	Gouanafarba (v)	D	7
Goffa ou Blé (v)	G 12	Gouaondoudougou (v)	G	7
Goifé (v)	B 8	Gouassi (v)	F	10
Goïré (v)	H 4	Gouato (v.)	Q	11
Goko (v)	H 9	Gouboua (r)	F	12
Goko (v)	F 11	Goudi (v)	F	12
Gokoun (v)	B 5	Goudji (v)	M	11
Golo (v)	N 11	Gouekan (v)	D	10
Golo (v)	I 5	Gouélésou (v)	G	10
Gologolo (r)	I 7	Gouen (v)	B	9
Golorola (v)	C 9	Gouenédougou (v)	C	10
Gom (v)	G 2	Gouetago (v)	E	10
Gomakoura (v)	E 4	Gouété (v)	G	8
Gomba (v)	O 6	Gougoubello (v)	N	5
Gombéri (v)	H 4	Gougoulo (v)	G	9
Gombolé (v)	G 5	Gouirindo (v)	C	6
Gomittogo (v)	G 4	Goulambé (v)	B	2
Gompoullou (v)	K 8	Goulasso (v)	F	6
Gona (v)	E 10	Goulba ou riv. Nandzé	K	6
Gona-Serki (v)	O 7	Goulbi-Singa (r)	J	7
Gondja (p)	J 8	Goulga ou Gamba (r)	K	7
Gondo (p)	H 3	Goulomba (v)	D	4
Gondo (v)	H 3	Gouloumbou (v)	H	2
Gongoro (v)	E 7	Goumbou (v)	D	3
Gongosso (v)	F 6	Goumbou-Djopé (v)	C	2
Gonkougo (v)	E 9	Goumdhiri (v)	I	5
Goolah (v)	Q 12	Goumgui (v)	J	1
Goré (v)	G 2	Goumodi (v)	P	10
Gorgola (r)	M 7	Goumsa (v)	K	1
Gorindje (r)	L 3	Gounarou (v)	N	7
Gorkar (v)	A 11	Goundako (v)	G	3
Goro (v)	J 6	Goundam (v)	H	1
Goroda (v)	B 5	Goundam (marigot de)	H	1
Goronia (v)	H 2	Goundamassou (v)	P	7
Gosatchi (v)	G 12	Goundo (v)	E	4
Gossi (v)	J 2	Goungouberi (v)	I	1
Gottoro (v)	F 10	Goungoun (v)	N	6
Goua (v)	H 4	Gouni (v)	E	8
Gouadedou (v)	F 12	Gounsao (v)	G	1
Gouaia (r)	C 9	Goura (v)	F	11
Gouala (r)	C 8	Gouran (v)	H	5
Goualamé (v)	C 7	Gourao (v)	G	2

Guilité (Hinta-) (v)	I	1	Guinée (*Golfe de*)	O 13
Guimbala (p)	H	2	Id.	P 13
Guimbala (v)	P	7	Guinso (v)	G 9
Guimbandi (v)	K	7	Guiny (v)	N 9
Guina (v)	E	4	Guipla (v)	D 12
Id.	E	6	Guiraté (v)	D 12
Guinassi (v)	N	8	Guiré (v)	E 3
Guinée (*Golfe de*)	G	13	Guiré (r)	D 9
Id.	H	13	Guiri (v)	I 3
Id.	I	13	Guiroua (v)	H 3
Id.	K	13	Guisiman (v)	P 7
Id.	M	13	Guitou (v)	D 13
Id.	N	13	Guitri (v)	F 12

H

Ha (v)	K	1	Hio (v)	M 11
Habès (p)	H	3	Hiré (v)	D 13
Habès indépendᵗˢ (p)	L	3	Hiré (v)	E 13
Haho (r)	L	11	Hité (v)	I 4
Haïbongo (v)	H	1	Ho (v)	L 11
Halafia (v)	N	8	Hoffara (v)	C 2
Halftown (v)	A	11	Hoini (v)	L 1
Hamdallay (v)	G	3	Hombokrou (v)	G 12
Hamé (v)	M	10	Hombori (p)	I 2
Han (r)	M	10	Hombori (*Mᵗˢ du*)	I 2
Hanila (v)	H	1	Hombori (v)	J 2
Harako (v)	A	8	Hombou (v)	I 9
Haribongo (v)	I	1	Hondabongo (v)	I 1
Harlford (v)	A	11	Hondei (v)	M 4
Harper (v)	C	13	Horo (*Lac*)	H 1
Haut-Buchanan (v)	A	12	Houborou (v)	R 11
Henianda (v)	H	10	Houdy (v)	H 9
Hentkouy (v)	G	5	Houmam (v)	H 1
Hill-Town (v)	A	11	Houmbébé (p)	I 3
Himann (v)	J	12	Houmbebe (Seno-) (p)	I 3
Himbiou (v)	H	9	Hourara (v)	L 3
Hinta Guilité (v)	I	1	Houton (v)	C 12

I

J

Jabou (p)	O	11	Jeh (v)	A	11
Jabu ou Lokki (v)	O	11	Jérusalem (v)	L	11
Jackna (v)	O	11	Jeva (v)	N	11
Jacques (Alindia ou Grand-) (v)	G	12	Jodé ou Moaré ou Baliviri (r)	J	7
			Id.	K	7
Jacqueville ou Amokoï (v)	G	12	Joe Town (v)	Q	12
Jatimi (v)	Q	12	José (v)	Q	12

K

Kaabo (p)	C	12	Kadjala (v)	F	10
Kaabo (v)	F	10	Kadou (v)	G	6
Kaali-Bodo (v)	B	10	Kadrokoa (v)	E	13
Kaarta-Bine (p)	B	3	Kaffaba (v)	K	9
Kabacoro (v)	D	9	Kaffané (v)	G	9
Kabaia (Mafindé-) (v)	A	8	Kafiguiba (p)	E	9
Kabakoumala (v)	B	9	Kafilika (v)	F	9
Kabala (v)	C	8	Kafiris (p)	L	7
Kabala (v)	E	6	Kagha (v)	I	1
Kabara (lac de)	G	2	Kagni (v)	R	9
Kabara (v)	I	1	Kagnima (v)	H	2
Kabaré (v)	M	7	Kagoala (v)	F	6
Kabaya (v)	C	6	Kagoué (v)	G	9
Kabba (v)	Q	9	Kagouéré (v)	G	6
Kabéné (v)	Q	12	Kah (v)	I	3
Kabiadougou (v)	C	9	Kaïnara (v)	B	3
Kabisi (v)	K	9	Kaka (v)	J	9
Kabla (v)	E	13	Kaka (v)	G	4
Kablaké (v)	D	13	Kakagnan (marigot de)	G	3
Kabou (v)	I	4	Kakalé (v)	H	9
Kabragou (v)	K	6	Kakena (v)	F	4
Kadé (v)	J	11	Kakoma (v)	F	5
Kadengé (v)	K	10	Kakorou (v)	E	8
Kadiaga (v)	M	6	Kakou (v)	L	4
Kadiala (v)	F	5	Kakouchi (v)	K	9
Kadiésa (v)	G	12	Kala (v)	F	4
Kadiola (v)	G	5	Kalaba (v)	E	5
Kadiolo (v)	F	7	Kalaba (v)	C	5
Kadiolona (v)	E	7	Kalabougou (v)	E	4
Kadiona (v)	F	9	Kaladiandougou (p)	D	9

Kaladiandougou (p)	E	9	Kamaraia (v)	A	8
Kaladougou (v)	G	5	Kamaro (v)	C	6
Kalagba (r)	L	11	Kamassara (v)	J	6
Kalaka (v)	D	5	Kamboré (v)	E	8
Kalaké (v)	E	5	Kamboya (v)	A	5
Kalako (v)	C	7	Kamelinsou (v)	G	10
Kalakono (v)	E	7	Kami (v)	F	11
Kalamba (v)	L	8	Kamindara (v)	F	3
Kalani (v)	F	4	Kammala (v)	H	9
Kalani (v)	E	4	Kan (r)	F	11
Kalankalan (v)	C	7	Kana (v)	M	10
Kálanko (v)	A	8	Kana (v)	E	5
Kalaoum ou Karaou (v)	A	9	Kana-Kouri (v)	K	9
Kalari (Guénié-) (p)	D	5	Kanambari (v)	L	5
Kalarokho (v)	J	6	Kanan (v)	F	4
Kalé (v)	N	7	Kanasi (v)	H	10
Kalé (v)	A	4	Kandala (v)	F	4
Kaleifa (v)	F	2	Kandi (v)	N	6
Kalembougou (v)	J	4	Kandi (v)	N	6
Kalgosch ou Kalguéris (Tou-aregs-) (p)	J	2	Kandi (v)	N	9
Id.	K	2	Kandi (Province de)	N	6
Kalgueris ou Kalgosch (Tou-aregs-) (p)	J	2	Kandiatadébé (v)	H	1
			Kandiourou (v)	E	3
Id.	K	2	Kando (v)	F	3
Kaligui (v)	G	5	Kangaba (v)	C	6
Kaliwa (v)	E	8	Kangala (v)	F	7
Kalobo (r)	L	10	Kangaran (v)	D	9
Kaloko (v)	F	5	Kangaré (v)	C	6
Kalsaka (v)	I	4	Kango (v)	E	5
Kalumba (v)	D	3	Kanguela (v)	C	7
Kama (r)	L	10	Kani (v)	H	3
Kama (v)	G	2	Kani (v)	E	9
Kama (v)	F	4	Kaniaga (p)	D	3
Kamadougou (v)	D	5	Kaniaka (v)	L	7
Kamagnindé (v)	A	9	Kaniasso (v)	E	8
Kamaka (v)	F	5	Kaniéné (v)	E	9
Kamakha-Sébé (v)	G	3	Kaniéra (v)	F	8
Kamalé (v)	E	4	Kani-Koho (v)	O	8
Kamandena (v)	H	5	Kani-Komboli (v)	H	3
Kamani (v)	D	4	Kaniouma ou Kagnima (v)	H	2
Kamara (Diangouté-) (v)	B	3	Kankan (v)	B	7
Kamaradougou (v)	B	9	Kankanbagou (v)	L	4
			Kankantchari (v)	M	5

Kankola (v)	E	6
Kauo (v)	F	10
Kanobousou (v)	K	9
Kanogo (v)	E	9
Kanseguané (v)	A	3
Kansiani (v)	L	6
Kao (v)	F	8
Kaodjé (v)	O	6
Kaoguay (v)	O	7
Kaouri (Nagon-) ou Konko-		
biri (v)	M	6
Kapala (v)	F	7
Kapeli (v)	F	8
Kapouri (v)	J	6
Kara (v)	B	6
Kara (r)	L	8
Karabasso (v)	E	7
Karabata (v)	G	5
Karabé (p)	L	4
Karaboro (p)	G	8
Karaga (v)	K	7
Karaga (Petit-)	K	7
Karagona (v)	F	5
Karakindé (v)	H	3
Karako (v)	A	8
Karakoro (v)	B	6
Karaméné (v)	G	3
Karan (v)	G	3
Karankoulé (v)	D	2
Karao-Kaniba (v)	H	1
Karaou ou Kalaoum (v)	A	9
Kareladji (v)	M	3
Kari (v)	H	4
Kari (v)	H	5
Karigué (v)	N	6
Karikabara (v)	N	7
Karikami (v)	O	7
Karikouto (v)	N	5
Karma (v)	G	2
Karma (v)	M	4
Karmargel (v)	H	4
Karonga (v)	D	2
Karou (v)	L	2
Karradougou (p)	F	4
Kartaba (p)	J	1
Kartakoro (v)	C	9
Kasga (v)	L	2
Kasokongoso (v)	F	7
Kasompoi (v)	K	9
Kasoulédougou (v)	I	8
Kassa (v)	F	3
Kassacou (v)	N	7
Kassa-Kéré (v)	C	2
Kassana (v)	J	6
Kassanga (v)	B	9
Kassanga (p)	I	6
Kassé (v)	E	13
Kassi (v)	H	12
Kassouma (v)	C	7
Kassoun (v)	H	4
Katala (v)	F	6
Katambara (v)	L	9
Katan (v)	E	7
Katanga (v)	N	5
Katara (v)	E	8
Kataso (v)	H	12
Kategueri (v)	K	9
Kateningué (v)	E	8
Katey (v)	L	1
Kati (v)	F	9
Katia (v)	F	8
Katia (v)	B	2
Katiala (v)	F	6
Katiali (v)	E	8
Katierlo (v)	F	6
Kati-Kati (p)	I	1
Kattierga (v)	L	3
Kattobo (v)	G	10
Katou (v)	H	1
Katougou (v)	L	3
Katoura (v)	F	7
Katu (v)	C	13
Katunga (v)	P	8
Kaubama (v)	Q	12
Kavé (v)	L	11
Kawara (v)	F	8

Kaya (v)	G	6	Kénou (v)	N	8
Kaya (v)	J	4	Kentala (v)	D	4
Kaya (v)	L	9	Kéré (Kassa-) (v)	C	2
Kayaye (v)	E	5	Kerla (v)	E	5
Kaybou (v)	D	5	Kerouané (v)	B	6
Kayoma (v)	O	8	Kérouané (v)	B	8
Ké (v)	F	3	Kersignané (v)	A	2
Kébé (p)	E	13	Kéténou (v)	N	11
Kébéni (v)	E	7	Kétou (v)	N	10
Kébéro (v)	I	6	Ketouké (v)	D	13
Kéblé (v)	E	7	Ketsi (v)	L	12
Kécho (v)	Q	8	Ketté (v)	K	10
Kedjeoui (v)	L	10	Kevé (v)	L	11
Kedjeoui (v)	L	9	Khakhan (v)	B	7
Kégué (v)	H	2	Khalèbled (lac)	L	3
Kehem (v)	C	2	Khati (v)	C	5
Kéké (v)	G	3	Kherba (lac)	I	1
Kékélé (v)	M	8	Kiaminoti (v)	L	7
Keketa (v)	G	9	Kiba (v)	N	5
Kekri (v)	H	12	Kié (v)	G	4
Kélébé (v)	R	9	Kiéri (v)	H	6
Kélékélé (v)	E	6	Kignima ou Kaniouma (v)	H	2
Kel-es-Souk (p)	F	2	Kiki (v)	L	5
Keletiou (v)	A	9	Kilé (v)	H	3
Kelsa (v)	I	4	Kilibo (v)	N	9
Kel Temoulaï (p)	I	1	Kiliféri (v)	N	5
Kemo (v)	N	9	Killa (v)	N	9
Kemokhodianikoro (v)	G	8	Killi (v)	G	5
Kendadji (v)	M	3	Killi (p)	H	1
Kénédougou (p)	F	7	Kimberi (v)	F	5
Kenedy (île)	L	12	Kimini (v)	F	8
Kenema (v)	A	9	Kinani (v)	H	2
Kenenkou (v)	D	4	Kindi (v)	H	10
Kenglo (v)	N	10	King George Town (v)	Q	13
Keni (v)	H	4	Kingui (p)	B	2
Kéniébacoro (v)	B	6	Kinian (v)	F	6
Keniehakouta (v)	B	6	Kiniéba (v)	B	7
Keniéra (v)	A	3	Kinieba (v)	C	5
Kéniéra (v)	B	6	Kinima (v)	G	7
Keniero (v)	B	7	Kinsiré (v)	H	5
Kéniéroba (v)	C	5	Kintampo (v)	I	9
Keniko (v)	D	9	Kintan (v)	E	4
Kenou (v)	H	4	Kintanké (v)	J	9

Kintou (v)	K	9	Kofidougou (v)	G	10
Kioukiou (v)	G	5	Kofi Sameni (v)	G	10
Kipirsi (p)	I	5	Koffikourou (v)	H	12
Kiri (v)	H	6	Koffisekourou (v)	H	10
Kiri (v)	H	4	Kogo (v)	K	6
Kirikri ou Adye (v)	M	8	Kogoba (v)	F	6
Kirina (v)	H	5	Kogoro (v)	P	11
Kirina (v)	G	4	Kogoto (Ourogo-) (v)	G	3
Kirkindi (v)	I	9	Koho (v)	H	6
Kirtachi (v)	N	5	Kohoro (v)	N	11
Kissi (v)	O	9	Koïa (r)	J	6
Kissidougou (v)	A	8	Koïgourou (v)	J	1
Kita (v)	B	5	Koilaba (v)	K	1
Kitchi (v)	O	8	Koima (v)	B	9
Kiti (v)	P	8	Koïna (v)	G	3
Kiti (v)	H	1	Kointakouinta (v)	H	11
Klokoto (v)	N	9	Koireta (v)	H	1
Klouou (v)	L	11	Koïta (Medina-) (v)	D	3
Klouga (r)	J	7	Kokélé (v)	D	6
Koa (v)	G	3	Kokin (v)	J	5
Koakourou (v)	G	3	Koko (v)	E	9
Koandou (v)	A	9	Koko (v)	D	5
Koayekrou (v)	G	11	Koko Blémé (v)	M	10
Koba (v)	E	6	Kokodougou (v)	C	10
Kobdouella (v)	B	9	Kokofou (v)	J	10
Kobé (v)	C	5	Kokoli (v)	M	9
Kobé (v)	H	2	Kokomba (v)	G	10
Kobilé (v)	D	5	Kokori (v)	Q	12
Koborokindé (v)	H	3	Kokoro (v)	M	3
Kodala (p)	C	3	Kokoro (v)	L	9
Kodiabé (Akouahou-) (p)	J	11	Kokoro (v)	K	2
Kodiabé (Akouahou-) (p)	K	11	Kokou (v)	F	12
Kodiala (v)	D	5	Kokou (v)	E	6
Kodié (v)	A	2	Kokou (v)	E	5
Kodiogouni (v)	D	6	Kokoumbo (v)	F	11
Kodjar (v)	M	5	Kokoun (v)	D	6
Kodji (v)	E	3	Kokouna (v)	C	8
Kodjina ou Bettié (v)	G	11	Kokouna (v)	D	8
Kodjinna (v)	H	11	Kokouna (v)	D	6
Koédougou (v)	B	9	Kokounou (v)	H	12
Koenza (v)	H	2	Kokoura (v)	G	4
Kofiakokrir (v)	F	11	Kola (v)	F	5
Koffiassi (v)	J	11	Kola (v)	F	3

Kola (v)	G	5	Komono (p)	G	8
Kola (v)	D	6	Kompa (v)	N	5
Koladougou (v)	A	8	Kompongou (v)	J	8
Koladougou (v)	F	8	Kona (v)	C	6
Kolakan (v)	G	5	Kona (v)	D	9
Kolea (v)	H	10	Konafadié (v)	B	8
Kolia (v)	E	8	Konasé (v)	G	7
Koli-Koli (r)	H	2	Konbou (v)	K	9
Kolimani (v)	D	4	Kondala (v)	G	5
Kolo (v)	N	4	Kondé (v)	C	6
Kologo (v)	D	8	Kondewa (v)	A	8
Kolokan (v)	G	4	Kondji (v)	O	6
Koloko (v)	F	4	Kondo (v)	A	9
Kolokolo (v)	N	5	Kondo (v)	G	10
Kolokolo (v)	Q	11	Kondorobo (v)	G	10
Kolomani (v)	F	3	Kondoso (v)	G	10
Kolombadougou (v)	A	9	Kong (v)	G	11
Kolomina (v)	B	2	Kong (États de)	G	8
Kolon (p)	D	2	Id.	F	8
Kolon (v)	G	9	Kong (v)	G	9
Kolondougou (v)	E	3	Kongkang (v)	B	9
Kolongo (v)	F	4	Kongo (r)	G	9
Koloni (v)	D	7	Kongola (v)	A	8
Koloni (v)	F	5	Kongoti (v)	G	10
Koloni (v)	D	7	Konguessi (v)	J	5
Koma (v)	N	9	Koni (v)	H	9
Koma (v)	C	7	Koni (v)	D	5
Komakari (v)	H	3	Koniella (v)	C	9
Komanabo (v)	F	10	Koniéné (v)	G	9
Komanadougou (v)	F	8	Konignon (v)	G	4
Komantiguibougou (v)	E	3	Konikourou (v)	H	11
Kombo (v)	D	5	Konina (v)	E	5
Komboli (Kani-) (v)	H	3	Koninantiéni (v)	E	5
Kombori (v)	G	4	Konka (v)	E	5
Komé (v)	M	11	Konki (v)	I	10
Komi (v)	N	8	Konko (v)	K	9
Komiéni (v)	E	8	Konkobiri ou Nagon Kaouri (v)	M	6
Komina (v)	E	6	Konkonia (v)	A	9
Komisana (v)	C	6	Konkora (v)	G	5
Kommodia (v)	H	3	Konkrousou (v)	J	9
Komo (v)	G	2	Konna (v)	H	3
Komoko (v)	H	2	Konodimini (v)	E	4
Komono (pic des)	G	8			

Konodoni (v)	E	4	Kosekorei (v)	K	1
Konoma (v)	B	6	Kosoumalé (v)	E	4
Konomgno (v)	J	11	Kossakoré (v)	K	1
Konpongou (v)	M	7	Kossé (v)	F	12
Konséguéla (v)	F	5	Kossila (v)	A	8
Konsonsou (v)	D	9	Kosso (v)	G	5
Konsoro (v)	E	5	Kosso (v)	E	12
Konsou (v)	A	7	Kosso (v)	H	5
Kontella (v)	D	9	Kotédougou (v)	G	6
Konwi (v)	G	10	Kotéré (v)	F	8
Koobyn (v)	I	10	Koto (v)	R	9
Koou (v)	I	12	Kotonou (v)	N	11
Kooussa (v)	C	8	Kotopa (v)	M	10
Kopéfeso (v)	G	8	Kotri (v)	H	9
Koponi (v)	H	6	Kottokrou (v)	H	12
Kora (v)	H	2	Kou (v)	A	7
Korango (v)	H	1	Koua (v)	O	7
Koranza (v)	J	10	Kouadda (v)	Q	9
Koranza (p)	J	9	Kouadio (p)	E	12
Koré (v)	C	5	Kouadiokofi (v)	F	11
Koré (v)	L	8	Kouadioukrou (v)	G	10
Koré (v)	B	3	Kouadio Yaou (v)	G	11
Korena (v)	H	6	Kouako (v)	E	13
Koria (v)	K	4	Kouakouamouri (v)	L	9
Korienza (v)	H	2	Koualé (v)	K	9
Korienza (lac de)	H	2	Kouali (v)	K	5
Korigué (v)	A	2	Koualzi (r)	J	8
Kori-Kori (v)	H	3	Kouamanadé (v)	G	10
Korioumé (v)	H	1	Kouanakoum (v)	L	10
Korkou (v)	J	4	Kouandé (v)	M	7
Korlachi (v)	J	12	Kouandé-Kouandé (v)	L	5
Koro (v)	D	9	Kouandjagou (v)	M	6
Koro (v)	G	7	Kouanou (v)	G	11
Koro (v)	C	9	Kouanouroukrou (v)	H	11
Koro (v)	H	3	Kouanta (v)	H	11
Koro ou Koroni (v)	G	4	Kouanta (v)	I	12
Korobo (v)	I	6	Kouantchango (v)	L	5
Korodou (v)	C	9	Kouanteyou (v)	H	11
Korogo (v)	J	7	Kouapoukissé (v)	J	6
Koroko (v)	F	8	Kouara (v)	O	6
Korokobougou (v)	E	7	Kouara ou Bouches du Niger	Q	13
Koroma (v)	G	6	Kouara ou Niger (fl)	P	8
Koroni ou Koro (v)	G	4	Id.	Q	8

Kouara ou Niger (*fl*)	Q 9	Koulou (*v*)	A 9
Kouargou (*v*)	M 6	Kouloufalama (*v*)	E 6
Kouassi (*v*)	H 12	Koulougou (*v*)	D 6
Kóuassi (*v*)	G 10	Koulouna (*v*)	D 6
Kouati (*v*)	E 12	Koulououéro (*v*)	J 5
Kouba (*v*)	D 7	Koulouza (*v*)	E 7
Koubelem (*v*)	L 9	Kouma (*r*)	L 7
Koubessa (*v*)	J 10	Kouma ou Moare (*r*)	K 6
Koubli (*v*)	O 7	Koumakhana (*v*)	C 5
Koublipé (*v*)	I 9	Kouman (*v*)	B 10
Koubo (*v*)	J 3	Koumanboï (*v*)	K 9
Koubouré (*v*)	N 9	Koumandaka (*v*)	G 7
Kouda (*v*)	D 13	Koumaou (*v*)	J 11
Koudala (*v*)	E 4	Koumapé (*v*)	M 11
Koudala (*v*)	F 5	Koumara (*v*)	B 9
Koudiari (*v*)	E 8	Koumarela (*v*)	E 5
Koudou (*v*)	A 9	Koumassi (*v*)	J 11
Koudou (*v*)	B 8	Koumbala (*v*)	F 6
Koué (*v*)	L 9	Koumbara (*v*)	H 5
Kouenedon (*v*)	H 7	Koumbé (*v*)	G 3
Kouerou (*v*)	D 10	Koumbélé (*v*)	A 9
Koufa (*v*)	H 2	Koumbezi (*v*)	J 5
Koufala (*v*)	H 7	Koumessi (*v*)	L 10
Kouffo (*r*)	M 10	Koumfan (*v*)	D 6
Koufouri (*v*)	K 10	Koumi (*v*)	C 4
Kougoupella (*v*)	I 5	Koumli (*v*)	I 9
Kougourouba (*v*)	D 8	Koummoullou (*v*)	J 6
Kouia (*r*)	A 8	Koumouni (*v*)	F 4
Kouinsinsou (*v*)	I 11	Koumourousou (*v*)	F 10
Koukhouloro (*v*)	I 5	Kouna (*v*)	G 4
Koukouba (*v*)	O 6	Kouna (*v*)	G 3
Koukouo (*v*)	L 10	Kounankoro (*v*)	C 9
Koukourantoumi (*v*)	K 11	Kounari (*p*)	G 3
Koukrou (*v*)	H 12	Kounchi (*v*)	J 9
Koulé (*v*)	B 9	Koundébaba (*v*)	N 5
Koulé (Daouda-) (*v*)	C 2	Koundiadou (*v*)	A 9
Koulé (Semba-) (*v*)	C 2	Koundian (*v*)	C 6
Koulia (*v*)	B 8	Kóundian (*v*)	A 4
Koulicoro (*v*)	D 5	Koundjori (*v*)	L 7
Koulinga (*v*)	B 9	Koundkan (*v*)	A 8
Koulkousselbés (Touaregs-)		Koundou (*v*)	C 4
(*p*)	I 2	Koundou (*v*)	H 3
Kouloro (*v*)	J 7	Koundourlia (*v*)	F 2

Koufo (v)	H	10	Kouroumeï (p)	L	3
Kounian (v)	E	6	Id.	L	4
Kouniou (v)	L	10	Kourouminkobé (p)	I	3
Kounoun (v)	F	4	Kourouni (v)	G	5
Kounoundougou (v)	C	9	Kourounmarka (v)	H	5
Kounsigué (v)	I	4	Kourounso (v)	G	9
Kounsou (v)	L	2	Kouroussa (v)	A	7
Kounsou (v)	H	6	Kourouta (v)	G	8
Kounté (v)	A	8	Koursili (v)	M	4
Kountoum (v)	L	8	Kourté (v)	C	2
Kountousou (v)	I	10	Kousaï (v)	M	3
Kountseni (v)	G	6	Koussagui (v)	P	8
Kouonoukan (v)	G	5	Koussan (v)	D	7
Kouoro (v)	F	6	Koussiogo (v)	J	8
Koupéla (v)	K	5	Koussiri (v)	G	5
Koura (v)	H	1	Kousou (v)	O	9
Kouraco (v)	B	9	Kouta (v)	P	10
Kouragué (v)	A	5	Kouti (v)	N	11
Kourako (v)	B	6	Koutiala (v)	F	5
Kourala (v)	E	6	Koutiéni (v)	D	8
Kouralé (v)	E	5	Kouto (v)	E	8
Kouram (v)	L	2	Koutou (v)	N	5
Kouramoussaïa (v)	B	7	Koutou (v)	O	9
Kourani (Massaré-) (v)	E	10	Koutoubou (v)	H	11
Kouranko (p)	A	8	Koutoukalé (v)	M	4
Id.	B	8	Kouvé (v)	M	11
Kourbala (v)	E	6	Kouy (v)	H	5
Kouré (v)	C	6	Kouzié (v)	D	11
Kouri (v)	G	6	Koyala (v)	E	5
Kourkoussou	H	3	Koyaradougou (v)	E	10
Kourma (v)	G	6	Koyhou (v)	F	4
Kourmboe (v)	I	9	Koyiri (v)	I	3
Kouro (v)	L	4	Koysou (v)	G	10
Kourodougou (p)	E	9	Kpando (v)	K	10
Id.	F	9	Kpaouri (v)	M	7
Kourou (p)	E	3	Kpédomé (v)	L	11
Kourou (v)	H	2	Kpogaobé (v)	L	11
Kourou (v)	G	9	Kpomé (v)	N	11
Kourou (v)	G	10	Kpong (p)	K	11
Kouroukoro (v)	C	8	Kpong ou Ponny (v)	K	12
Kouroukoro (v)	E	7	Krada (lac)	O	11
Kouroula (v)	C	5	Krafi (v)	F	12
Kouroumana (v)	D	9	Kramou (v)	E	4

Krarossou (v)	G	11	Kroo (Settra-) (v)	B	13
Kratyé (v)	K	10	Kroobah (v)	B	13
Krazoukrou (v)	F	12	Kronfenem (v)	K	10
Kré (r)	D	12	Kroudou (v)	E	13
Krekoyawa (v)	F	10	Kroukoto (v)	B	3
Kremis (v)	A	2	Kroup (r)	M	7
Krémoué (v)	D	12	Kroupi (v)	K	9
Krinjabo (v)	H	12	Kulense (v)	G	3
Krobo (v)	H	10	Kumbe (Togoro-) (v)	G	3
Krobo (v)	K	10	Kyebi (v)	K	11
Krobo (v)	K	11	Kynianko (v)	I	13
Krobo (v)	J	12	Kypa (v)	A	10
Kroo (Petit-) (v)	B	13			

L

La (v)	Q	9	Laffatéré ou Diammou (p)	I	9
La (v)	I	5	Lafi (r)	K	8
La ou Labé (v)	I	5	Lafiagi (v)	Q	9
Laba (v)	G	10	Lafiboro (v)	G	10
Laba (f)	D	9	Lagos (p)	O	10
Labago (v)	G	9	Id.	P	10
Laban (v)	D	6	Lagos (v)	O	11
Labé ou La (v)	I	5	Lagos (lagune de)	O	11
Labezenga (chutes)	M	3	Laguéré (v)	J	5
Lac de Bonkor	H	1	Lagune salée	L	12
Lac Daouana	G	1	Laha (v)	O	6
Id.	H	1	Lahou (lagune de)	F	12
Lac Debo	G	2	Lahou (Moyen-) (v)	F	12
Lac Faguibine	G	1	Lahou (Petit et Grand-)	F	12
Id.	H	1	Laï (v)	K	12
Lac de Fati	H	1	Laia-Dougouba (v)	A	8
Lac Horo	H	1	Lake (île)	R	11
Lac de Kabara	G	2	Lakhama, Lama ou Nokho-		
Lac de Korienza	H	2	dosi (p)	I	7
Lac de Sompi	G	2	Lakhamé (v)	J	5
Lac de Tenda	G	2	Lalasso (v)	D	8
Lacé (v)	I	8	Lalaté (v)	O	10
Ladi (v)	Q	9	Lalémi (v)	O	10
Laddio (v)	I	6	Lalou (v)	I	6
Ladje (v)	M	8	Lama (lagune)	M	11
Lafago (v)	O	6	Lama ou Lakhama ou Nok-		
Lafagou (v)	O	7	hodosi (p)	I	7

Lambataro (v)	A	3	Lenguecoro (v)	G	5
Lambidou (v)	B	3	Leogada (v)	O	8
Lamboudji ou Bambouti (v)	M	7	Léra ou Déra (v)	F	8
Lamina (v)	D	6	Leraba (r)	F	8
Lamkoui (v)	I	4	Léré (v)	H	10
Lamordé (v)	M	4	Lérébou (v)	K	4
Lanaoual (v)	G	3	Léro (v)	O	9
Landi (v)	A	7	Lero (v)	C	3
Lander (île)	R	11	Lero (v)	B	8
Lando ou Lendo ou Tampo (v)	L	5	Lessagou (v)	H	4
			Letay (v)	O	6
Landouchi (v)	Q	9	Leya (v)	A	9
Lanfiala (v)	G	7	Liaba (v)	J	7
Lanfiéra (v)	H	5	Liaba (v)	P	8
Langbonga (v)	K	7	Libéria (République de)	A	10
Langhasso (v)	O	11	Id.	B	11
Langokho (v)	K	8	Id.	B	12
Lankhamané (v)	A	3	Id.	C	12
Laondi (v)	H	9	Libtougou (v)	K	4
Larba (v)	M	4	Ligouy (p)	I	9
Laro (v)	J	2	Liligomdé (v)	I	4
Lasovi (v)	N	10	Lilspakha (v)	J	6
Lassipa (v)	O	9	Limono (v)	G	8
Lati (v)	N	4	Lingou (v)	G	1
Latigni (v)	Q	9	Linguiporaso ou Zinggah		
Laton (v)	I	6	Porahzu (v)	B	9
Lauan (v)	G	12	Linsoro (v)	C	7
Lauzoua (v)	F	12	Lipata (v)	P	7
Lava (v)	I	6	Liptako (p)	K	3
Lavié (v)	L	10	Liri (v)	H	5
Leba (v)	H	8	Lo (v)	H	4
Léfoun (v)	Q	9	Loalou (v)	Q	10
Leglin (p)	E	12	Lobi (p)	H	8
Légou (île)	L	2	Lobia (v)	Q	13
Léguéfidra (v)	O	8	Locoba (v)	M	11
Leguié (v)	Q	9	Locoba (v)	M	10
Leïco (v)	C	9	Locossa (v)	M	11
Lekoro (v)	G	5	Lodo (v)	O	9
Lemana (v)	B	8	Loffa (r)	A	10
Léna (v)	H	7	Logomatan (Touaregs) (p)	L	3
Lendo ou Lando ou Tampo (v)	L	5	Loïla (v)	C	7
			Lokhognilé (v)	G	8
Lendou (v)	A	8	Lokhoso (v)	H	8

Lokki ou Jabu (v)	O	11	Lotoumpa (v)	K	9
Lokodja ou Lukodja (v)	R	10	Loua ou Doua (v)	I	9
Lola (v)	C	10	Louakongo (v)	F	4
Lolo (v)	O	6	Louaré (v)	J	7
Lolonya (v)	L	12	Louba (v)	M	9
Lomé (v)	F	8	Loubié (v)	I	9
Lomé (v)	L	11	Loubougoula (v)	F	7
Lomo (v)	F	11	Loufégué ou Loufiné (v)	F	7
Lomo (v)	F	11	Loufiné ou Loufégué (v)	F	7
Lomousa (v)	E	10	Louganasso (v)	D	8
Long (île)	R	11	Louké (v)	Q	9
Longa (v)	K	6	Loukhourou (v)	J	6
Longo (v)	F	9	Loukou (v)	N	7
Longoro (v)	I	9	Loulougou ou Ouedago (v)	K	5
Lonla (v)	C	9	Louma (v)	O	7
Loossou (v)	F	10	Loumana (v)	F	6
Loroni (v)	H	4	Louncassa (v)	N	7
Los (p)	E	10	Louta (v)	H	4
Losi (v)	M	9	Lukodja ou Lokodja (v)	R	10
Loténé (v)	E	10	Lynx (Ile du)	R	11
Lotiezaka (v)	F	8			

M

Maba (v)	N	11	Mael (v)	A	2
Mabouiri (v)	E	12	Mafatoh (v)	A	10
Macenta (v)	B	9	Mafia (v)	H	11
Macina (p)	G	3	Mafia (v)	H	10
Id.	H	3	Mafindé Kabaia (v)	A	8
Id.	I	3	Mafinsou (r)	A	9
Macono (v)	F	6	Mafou (r)	A	7
Macoré (v)	H	12	Mafouné (v)	G	5
Madicali (v)	O	6	Magba (v)	Q	12
Madidou (Etats de)	K	2	Magna (v)	A	7
Id.	L	1	Magona (v)	B	10
Id.	M	1	Maha (v)	G	6
Madidou (Bornou, campe-			Maha (v)	J	9
ment de)	L	1	Mahé (v)	O	6
Madina (v)	A	7	Maheni (mt)	L	2
Madionga (v)	C	2	Mahin (v)	P	11
Madiré (v)	H	8	Mahin (p)	P	11
Madjori (v)	L	6	Mahina (pont de)	A	4
Madoro (v)	O	7	Mahis (p)	M	9

N

Namokhota (v)	G	9	Natouna (v)	E	6
Namong (v)	K	7	Nauhau (v)	G	3
Namourou-Iri (v)	J	6	Naumowa (r)	E	12
Namphala (v)	E	4	Navari (v)	G	9
Namsiguia (v)	I	4	N'Bouna (v)	H	1
Nanabé (v)	E	12	N'Dali (v)	N	8
Nandia (v)	G	12	N'Dénou (v)	G	10
Nandibo (v)	F	12	Ndiénou (v)	G	10
Nandiéli (v)	G	9	N'Diré (v)	L	6
Nando ou Matiacouli (v)	L	5	N'Do (v)	F	10
Nandoli (v)	H	3	N'Do (v)	G	10
Nandzé ou Goulba (r)	K	6	Ndoni (v)	R	12
Nangalasso (v)	E	7	N'Douci (v)	G	12
Nango (v)	E	4	N'Doudi (p)	I	2
Nango (v)	I	4	N'Doukala (v)	E	3
Nangopeli (v)	F	9	N'Douldi (p)	I	2
Nani (v)	D	6	N'Dousso (v)	F	5
Nankasia (v)	L	9	Nebba (v)	K	4
Nanlasso (v)	E	7	Nedienka (v)	E	8
Nannakroo (Petit et Grand-)			Négala (v)	C	5
(v)	B	13	Neguela (v)	D	9
Nanou ou Ocpara (r)	N	9	Néguébougou (v)	E	4
Nansougou (v)	M	7	Neguépié (v)	E	7
Nanthema (v)	G	6	Néguessébougou (v)	D	4
Nantong (v)	K	8	Nekero (v)	D	13
Naolo (v)	G	9	Nélébougou (v)	E	7
Naouri (v)	J	6	Nemea (v)	B	9
Napali (v)	L	8	Nemio (v)	A	9
Napari (r)	K	7	Nempiéna (v)	E	4
Napari (v)	L	9	Neniéga (v)	K	5
Napokala (v)	F	9	Neniensou (v)	G	4
Naponé (v)	I	6	Néré (v)	F	5
Nara (v)	J	7	Nerekoro (v)	E	4
Narambougoula (v)	D	7	Nérékou (v)	E	5
Naron (r)	O	8	Nero (r)	D	13
Nasian (v)	J	7	Néro (v)	D	13
Nasian (v)	G	8	New-Cess (v)	A	2
Nasian (v)	H	9	New-Town ou Afforenou (v)	H	12
Nata (v)	D	5	Ngaé (r)	L	9
Natangou (v)	N	5	Ngala (v)	D	5
Natenga (v)	J	5	N'Gama (v)	C	10
Natéré (v)	G	9	Ngankora (v)	H	4
Natinian (v)	F	6	Nganso ou Banso (v)	G	6

Niger (Protectorat de la côte du)	**Q 12**	Nokry (v)	**F 3**
Id.	**Q 13**	Nombila (v)	**J 5**
Id.	**R 13**	Nomma ou Noungou ou Fada N'Gourma (v).	**L 5**
Niger (Riv-Noun ou Embouchure du)	**Q 13**	Nonkoa (v)	**A 7**
Nigre (r)	**E 12**	Nono (r).	**D 13**
Nigué (v)	**F 12**	Nono (v).	**F 3**
Nikki (p)	**N 7**	Nonoli (v)	**A 8**
Nikki (v).	**N 8**	Nonouma (v)	**I 6**
Nimbala (v)	**E 3**	Nora Koro (v).	**B 7**
Niminiama (v)	**F 3**	Nora Souba (v)	**B 7**
Niminiama (v)	**H 2**	Nosambougou (v)	**F 4**
Nindara (v)	**E 9**	Nossombougou(v).	**C 4**
Ninga (v)	**I 4**	Nouamio (v)	**H 12**
Ningaro (v)	**K 6**	Nouana (v).	**E 6**
Ningo (Petit-) (v)	**K 12**	Nouangoro (v).	**J 9**
Ningolosso (v).	**F 6**	Nouba (v)	**I 12**
Ninguassou (v)	**B 9**	Nouélé ou Niélé (v).	**F 8**
Ninguina (v)	**C 5**	Nougane (v).	**C 6**
Niniakiri (v).	**F 9**	Nougoua (v).	**I 12**
Ninkiesso (v)	**G 4**	Nouhonibé (r).	**E 12**
Niobougou (v).	**F 4**	Nouin (v)	**D 12**
Niodougou (v)	**G 1**	Noukho (v).	**C 4**
Nioro (v).	**B 2**	Noumouzou (v)	**F 12**
Nioro (v)	**M 8**	Noun (riv) (Embouchure du Niger)	**Q 13**
Niou (v).	**I 5**	Noungou ou Nomma ou Fada-N'Gourma (v).	**L 5**
Niougouni (v).	**E 7**	Nounian (v).	**E 6**
Niouma (v)	**I 5**	Nounoungou (v).	**L 5**
Niouniourou (r).	**F 12**	Nouongo (v).	**K 12**
Nissanso (v).	**F 6**	Noupé (p).	**Q 9**
Nitian (v).	**J 6**	Noupé (Camp du roi de).	**Q 9**
Nkakena (v).	**K 10**	Nouveau Bénin (v)	**P 12**
Nkanéko (v).	**K 10**	Noy (v)	**F 4**
Nkoubem (v)	**J 10**	Nsaouan (v).	**K 12**
Noakin (v)	**I 12**	N'Sapa (v).	**B 10**
Nodioko (v)	**G 2**	N'Ten (v).	**C 10**
Noéoué (v)	**L 11**	N'Tidiana (v)	**E 5**
Nogou (v)	**I 4**	N'Tié (v).	**G 5**
Noh Bagnamy (v)	**H 2**	N'Tiébougou (v).	**E 3**
Nokhodosi, Lama ou Lakhama (p).	**I 7**	N'Tiéla (v).	**E 6**
Nokoué (lac).	**N 11**	N'Tirna (v)	**G 2**

Odoumassé (v)	K 11	Old Garraway (île)	C 13
Odouo (r)	M 9	Oli (r)	K 9
Oeromodou (v)	F 12	Oli (r)	L 9
Ofa (v)	N 10	Olobobo (v)	R 9
Ofa (v)	Q 9	Olodio (v)	D 13
Ofé (r)	M 8	Ologbobiri (v)	Q 13
Ofim (r)	I 11	Olongo (v)	O 11
Ogalay (Great-) (v)	Q 12	Oloua (v)	O 10
Ogbo (v)	P 11	Olouagbo (v)	P 11
Ogbomoscho (v)	P 9	Olouo (v)	O 11
Ogidiba (v)	Q 12	Oly (r)	O 8
Ogoua ou Cap-Coast-Castle		Omelokoué (v)	D 13
(v)	J 12	Omelokoué (v)	E 13
Ogoudou (v)	J 6	Omo (v)	O 11
Ogoun (r)	O 10	Omola (v)	P 7
Id.	O 11	Omotchi (v)	R 12
Ohigé (lac)	N 11	Oni (r)	P 11
Oila (v)	M 4	Onitcha (v)	R 11
Oka Efo (v)	O 9	Ono (v)	H 12
Okaba Outou (v)	R 12	Ono (lac)	H 12
Okao (v)	L 10	Onouaté (v)	D 13
Okeho (v)	O 9	Ontinrine (v)	O 9
Oké-Igbo (v)	P 10	Ooué (v)	N 11
Okémessi (v)	Q 10	Ooundé (v)	D 3
Okétapa (v)	N 9	Opa (v)	Q 9
Okeyaoué (v)	P 9	Opaï (v)	R 12
Okiadané (v)	N 11	Or (Côte d')	K 13
Okiri		Orau (crique)	O 11
Oko (v)	P 9	Oriba (v)	O 11
Oko Anaré (v)	R 11	Orimedou (v)	O 11
Okoto (v)	M 8	Orisha (v)	O 11
Okou (v)	F 11	Orobougou (v)	F 5
Okouahou Assabi (p)	K 10	Orogo (v)	J 7
Id.	K 11	Oroguendé (v)	G 3
Okouahou Kodiabé (p)	J 11	Ororo (v)	H 2
Id.	K 11	Orou (v)	O 10
Okoumini (v)	K 9	Orouda (v)	Q 12
Okouné Bejou (v)	O 11	Orpakin (v)	O 11
Okouta (v)	N 8	Orsé (v)	H 4
Okouy (v)	H 5	Oshi (r)	P 9
Okpa (r)	P 10	Osisa (v)	R 11
Okpara (v)	Q 12	Osomari (v)	R 12
Okumbé (v)	N 11	Osou ou Christianbourg (v)	K 12

Osounou (v)	Q	13	Ouani (v)	K	1
Ossenaassé (v)	J	12	Ouaninou (v)	C	9
Ossiné	P	9	Ouaou (r)	A	9
Ossouo (v)	P	11	Ouaoua (v)	O	7
Otone (v)	Q	9	Ouaouanatah (v)	C	10
Ototo (v)	K	10	Ouaoura (v)	C	9
Otouch (v)	Q	13	Ouapro (v)	E	13
Otto (v)	N	11	Ouara (v)	G	7
Oua (v)	I	7	Ouara (v)	N	7
Oua (États de)	I	7	Ouara (v)	P	7
Ouabali (v)	N	9	Ouaracana ou Siracana (v)	E	7
Ouabou (v)	M	7	Ouaran ou Danka-Sikoro (v)	C	6
Ouadougou (p)	D	2	Ouarangou (v)	L	7
Ouagbo (v)	M	11	Ouarangour (v)	M	7
Ouagi (v)	G	2	Ouara-Ouara (Touaregs-) (p)	J	2
Ouagobès (p)	M	3	Ouararou (v)	N	7
Ouagui (v)	N	9	Ouarba (mᵗ)	M	3
Ouahabou (v)	H	6	Ouari (v)	M	8
Ouaharo (v)	C	4	Ouarigi (v)	Q	11
Oua Ioumbalé (v)	I	7	Ouarkoy ou Ouoronkoy (v)	H	6
Ouakara (v)	H	6	Ouassa (v)	M	7
Ouakaro (v)	F	4	Ouassa (v)	P	8
Ouakissi (v)	J	12	Ouassadougou (v)	G	10
Ouakoro (v)	E	5	Ouassaia (v)	A	7
Ouakouy (v)	H	6	Ouasseto (v)	G	8
Ouala (v)	H	3	Ouassou (p)	I	12
Oualata (v) (direction de)	E	1	Ouassou (v)	F	11
Oualédji (El-) (v)	H	1	Ouassoulou (p)	C	7
Oualidio (El-) (v)	J	1	Id.	D	7
Oual-Oualé (v)	J	7	Ouassoulou-Balé (r)	C	6
Ouamou (v)	A	9	Ouata (v)	F	11
Ouan (v)	N	8	Ouatagouma (v)	M	2
Ouana (v)	K	8	Ouatalou (v)	O	8
Ouana (v)	I	5	Ouatanié (r)	E	13
Ouana (v)	G	2	Ouatanié (v)	E	13
Ouandarama (v)	G	9	Ouataradougou (v)	E	10
Ouandiaouré (v)	K	3	Ouaté (v)	D	12
Ouandiéguesen (v)	H	9	Ouatey (v)	D	13
Ouandji (v)	M	11	Ouattaré (v)	F	5
Ouangara (v)	M	7	Ouatula (v)	B	9
Ouangara (v)	L	6	Ouazoumé (v)	M	11
Ouangara (v)	M	8	Oubakha (v)	G	7
Ouango (v)	J	7	Oubéou (v)	L	10

Ouondi (v)	A	8	Ourobeyla (v)	H	2
Ouondougou (v)	H	3	Ourogo Kogoto (v)	G	3
Ouongo (v)	M	8	Ourola (v)	C	7
Ouonoudou (v)	J	3	Ouronéma (v)	G	3
Ouoré (v)	G	10	Ouronema (v)	G	3
Ouoria (v)	N	8	Ouro-Saba (v)	J	3
Ouoro Bidari (v)	M	4	Ourou (v)	D	6
Ouorofila (r)	F	5	Ourou (rapides de)	P	8
Ouoro Gueladji (v)	M	4	Ourouco (v)	A	7
Ouorokoro (v)	C	8	Ourouké-iri ou Yansala (v)	K	8
Ouoronkoy ou Ouarkoy (v)	H	6	Ouroun (v)	H	4
Ouortobile (v)	D	3	Ouroura (v)	F	6
Ouosipé (v)	I	9	Ousima (v)	B	8
Ouossebougou (v)	C	3	Oussaïa (v)	A	7
Ouossokoroma (v)	A	8	Oussoudougou (v)	B	8
Ououinsabo (v)	H	12	Oussoudougou (v)	B	9
Ourandia (v)	G	3	Oussoukonko (v)	B	9
Ourasso (v)	C	9	Outchi (v)	R	12
Ouré (v)	D	6	Ouyachi (v)	J	7
Ouri (v)	H	6	Ovale (Montagne-)	D	13
Ourinabo (v)	K	7	Ovatovo (v)	N	9
Ourma (r)	O	8	Oyo (v)	P	9
Ourobanda (v)	M	4	Oyo (v)	O	9
Ourobéri (v)	N	5	Oyomor (v)	Q	13

P

Pa (v)	H	6	Pakhalla (p)	H	9
Paba (v)	L	8	Pakhé (v)	J	6
Pabegou (v)	M	8	Pakiama (v)	Q	12
Pabégou (v)	O	7	Pakobo (v)	F	11
Pabi (v)	G	10	Pakou (v)	K	9
Pabia ou Pavia (v)	K	8	Pakoura (v)	B	7
Pachipanga (v)	K	5	Pala (v)	D	13
Packa (v)	P	8	Pala (v)	F	6
Packoua (v)	P	8	Pala ou Ocpa (r)	N	10
Pafilé (v)	L	7	Palaté ou Palari (v)	K	8
Pagnian (v)	O	7	Palbé (v)	K	8
Pain de Sucre (mᵗ)	C	13	Palla (r)	L	9
Paipibris ou Peïbras (p)	D	10	Pallakah (v)	B	10
Id.	E	11	Palma (v)	O	11
Pakéna (v)	H	6	Palmas (cap)	C	13
Pakhala (p)	F	8	Palmes (cap Formose ou des)	Q	13

Piega (v)	L 5	Poplogon (v)	J 7
Pignari (p)	G 3	Popo (v)	E 7
Pignari (v)	G 3	Popo (Petit- et Grand-) (v)	M 11
Pilipot (v)	P 7	Poro (v)	E 13
Pillil (v)	C 10	Porto-Novo (p)	N 11
Pimprena (v)	F 6	Porto-Novo (lagune de)	N 11
Pina (v)	K 4	Porto-Novo (v)	N 11
Pindiagou ou Diamangou (r)	M 5	Porto-Segouro (v)	M 11
Pindjèri Goulbi (r)	L 6	Posso (v)	I 5
Pinya (v)	K 9	Potoiri (v)	G 9
Piou (v)	J 8	Potou (lag.)	G 12
Pira (v)	M 9	Pou ou Poukha (v)	J 6
Pisokho (v)	J 7	Poua (v)	I 5
Pissa (v)	H 4	Pougno (v)	L 7
Plaga (v)	J 8	Poukha ou Pou (v)	J 6
Plassa (mt)	B 13	Poulara (r)	F 11
Pobé (v)	I 4	Poulounou (v)	F 10
Pobo (v)	K 7	Pouna (v)	J 6
Pockpat (v)	B 11	Pounda (v)	H 6
Podji (v)	N 11	Pounié (v)	D 13
Pogloto (v)	P 8	Poura (v)	H 4
Pogoba (v)	E 5	Poura (v)	I 4
Point (cap Trois-)	I 13	Pouré (v)	O 11
Poira (v)	F 9	Praan (v)	J 9
Pokra (v)	N 11	Prah (r)	J 11
Pollammah (v)	A 10	Prampram ou Gbougbra (v)	K 12
Pomassi (v)	M 11	Prasou (v)	J 12
Pondory (p)	G 3	Primasé (v)	K 10
Id.	G 4	Prongwiasé (v)	K 10
Pongo (v)	B 9	Protectorat de la Côte du	
Pongou (v)	I 8	Niger	Q 12
Ponny ou Kpong (v)	K 12	Id.	Q 13
Ponsa (v)	J 4	Id.	R 13
Poplogon (r)	I 7	Prouh (r)	I 10
Id.	J 7	Proulo (v)	D 13

Q

Quaia (v)	B 10	Quéah (Comté de)	A 11
Quana (v)	N 11	Quinto (v)	N 11
Quanga (v)	N 5	Quiquerez (Itin. et †)	E 12
Quantanan (v)	I 12	Quitta (v)	L 12

R

S

Sendi ou Dedi (v)	H 9	Siadougou (v)	G 4
Sengana (r)	Q 13	Siama (v)	Q 12
Séné (v)	C 5	Sibi (v)	C 5
Seni ou Beressou (r)	K 10	Sibi (v)	H 3
Seniah (v)	K 12	Sidardougou (v)	G 7
Seno Bankasso (p)	H 4	Sidi (v)	F 3
Seno Houmbébé (p)	I 3	Sidié (v)	D 13
Seno-Kaï (v)	I 4	Sidi Khila (v)	C 6
Seno Ngourkou (p)	H 2	Sidi Mahmoud (p)	A 2
Sénongui (v)	Q 9	Sido (v)	D 6
Senoni (v)	E 5	Siegon (v)	H 8
Senorola (v)	G 6	Sien-Ba (r)	D 8
Senou (v)	C 5	Sierabala Diassa (v)	E 7
Senou (v)	D 5	Siguibla (v)	E 5
Senou (v)	F 6	Siguidou (v)	D 8
Senou (v)	N 8	Siguiri et Fort de Siguiri	B 6
Sensa (v)	G 3	Sihour (v)	K 8
Senséné (v)	J 5	Sikansi (v)	G 12
Sentala (v)	E 5	Sikaso (v)	F 6
Séraré (v)	G 3	Sikayfé (v)	H 7
Seraso (v)	E 6	Sikoro (v)	H 5
Sérécoro (v)	A 7	Silaro (v)	H 6
Serekoro (v)	A 8	Silguey (v)	J 4
Seressé (v)	J 11	Sillabès (p)	M 4
Seri (v)	G 3	Silouba (v)	C 6
Serikala (v)	D 4	Sim (v)	I 4
Serila (v)	C 9	Simaï (v)	I 2
Sermaya (v)	B 9	Simballo (v)	C 3
Serondo (v)	F 6	Simindji (v)	D 5
Serooupara (v)	N 8	Simpah ou Winnebah (v)	K 12
Sesters (Petit-) (v)	C 13	Simpson's (v)	A 11
Sesters (Young-) (v)	A 12	Sina (v)	F 4
Setiguia (v)	B 6	Sinacoro (v)	C 8
Setilé (v)	F 9	Sinari (mᵗ)	L 2
Sétouboutiena (v)	D 6	Sinder (v)	M 3
Settra Kroo (v)	B 13	Sindéressou (v)	F 12
Shako (v)	N 11	Sindou (v)	F 7
Shea (v)	O 9	Sinéda (v)	H 3
Shuter (île)	R 10	Singa (Goulbi-) (r)	J 7
Si (v)	F 4	Singonobo (v)	F 12
Sia (v)	I 4	Siniama (v)	E 5
Sia ou Bobo-Dioulaso (v)	G 6	Siniana (v)	E 5
Siadougou (v)	B 8	Sinnebo (v)	I 13

Sorontiéla (v)	F	5	Souhouri (v)	F	6
Soso (v)	I	10	Soukerani (v)	E	7
Sosola (v)	B	7	Soukerani (v)	F	6
Sosolo (v)	F	6	Soukhola (v)	D	6
Soto (v)	D	12	Soukieraba (v)	E	8
Sou (v)	C	13	Souko (v)	P	8
Souaga (v)	K	6	Soukou (v)	H	11
Souala (v)	E	4	Soukouabo (v)	F	12
Souansou (v)	F	8	Soukoukrou (v)	G	12
Souassi (v)	D	12	Soukouraba (v)	F	7
Souba (v)	D	5	Soukourala (v)	A	8
Souba (v)	E	4	Soukourala (v)	D	9
Souba (v)	E	5	Soukourani (v)	F	6
Soubakhalébougou (v)	F	7	Soukourara ou Bambara-		
Soubakoro (v)	B	9	Mandé (v)	I	2
Souboua (v)	D	12	Soukourela (v)	B	10
Soubra (v)	D	13	Soukouro (Satama-) (v)	G	10
Soucandougou (v)	C	9	Soukpé (v)	L	11
Soucoura (v)	G	4	Soulou (v)	P	7
Soucoura ou Tasalimo ou			Soulouba (v)	D	6
Guiddol'mamy (v)	I	9	Soumadougouri (v)	E	4
Soucourala (v)	C	9	Soumakou (v)	D	4
Soucourala (v)	H	8	Soumankoye (v)	B	7
Soudan Français	A	5	Souma Sangasso ou Bobo		
Id.	B	5	Scianso (v)	G	5
Id.	C	5	Soumbara (v)	H	4
Id.	D	5	Soumi (r)	K	10
Id.	E	5	Soumouni (v)	F	3
Id.	F	5	Soundé (v)	G	4
Id.	G	5	Sounga (v)	P	8
Id.	H	5	Soun Kaldara (v)	G	6
Id.	I	5	Sounkaré (v)	H	2
Soudougou (v)	C	9	Soun Kousso (v)	Q	9
Sougolo (v)	G	9	Sounoubo (v)	E	7
Sougou (p)	M	8	Sountiaua (v)	C	3
Sougoula (v)	F	6	Souo (v)	J	7
Sougouleni (v)	F	6	Souogo (p)	K	8
Sougoulou (v)	B	6	Soura (v)	R	9
Sougoumo (v)	G	6	Souradougou (v)	C	10
Sougouroukou (v)	M	8	Sourbassou (v)	F	5
Souguema (v)	A	9	Sourdougou (v)	C	10
Sou Ho (v)	R	9	Sourgoussouma (v)	J	4
Souhoum (v)	K	11	Souro (r)	H	4

T

Tindimbola (v)	H	3	Tobaocanec (v)	A	12
Tindo (v)	A	8	Tobi Djioga (v)	K	4
Tindonon (v)	L	5	Tobou (p)	E	13
Tinédican (v)	B	8	Teentou (v)	G	6
Tinenguéra (v)	G	9	Toffo (v)	M	11
Tingourkou ou Tenga-Dogo			Togbota (v)	M	11
(v)	K	6	Togo (lagune)	E	4
Tingué (v)	H	3	Togo (p)	L	9
Tingué (v)	J	3	Id.	L	10
Tinguereguedesch (p)	K	1	Togo (v)	E	4
Tinguira (v)	A	9	Togo (v)	M	11
Tiniana (v)	E	5	Togodo (v)	M	11
Tinkisso (r)	A	6	Togomba (v)	H	7
Tinko (v)	C	8	Togoro Kumbe (v)	G	3
Tintikoro (v)	D	8	Togui (v)	B	6
Tintinkanso (v)	H	8	Toï (v)	Q	9
Tintiri (v)	E	7	Toïmana (v)	E	3
Tiogolé (v)	E	7	Toïné (v)	H	4
Tiokonou (v)	G	10	Tokala (v)	E	8
Tiola (v)	E	6	Tokio (v)	F	12
Tiollé ou Youlsi (p)	I	6	Tokré (v)	D	13
Tiondougou (v)	H	4	Tola (v)	E	8
Tiong-I (v)	E	7	Tolé (v)	F	6
Tiongori (v)	F	8	Toma (v)	H	4
Tioroniaradougou (v)	F	8	Tomas (p)	A	9
Tiorotiéri (v)	E	8	Id.	B	9
Tiou (v)	I	4	Tombaguina (v)	B	4
Tiouanso (v)	F	5	Tombo (v)	F	11
Tiougo (v)	E	3	Tomboko (p)	H	3
Tiougobo (v)	E	3	Tombouctou (v)	H	1
Tissò Soman (v)	E	8	Tombougou (v)	E	5
Tito (v)	P	7	Tombougou (v)	E	8
Tjibina (v)	E	7	Tomboura (v)	F	8
Tjibé (v)	F	8	Tombouttou (v)	N	6
Tjimaso (v)	F	6	Tomina (v)	F	4
Tla (v)	F	4	Tomina (v)	G	4
Tlé (v)	E	5	Tomona (v)	G	3
Tmalchidem (v)	K	1	Tou (v)	K	7
To (v)	D	13	Tondigaré (v)	G	1
To (v)	E	13	Tongo-Mayel (v)	J	3
Tô (v)	I	6	Tononga (v)	K	6
Toba (N'-) (v)	F	4	Tonou (v)	P	7
Tobacco (mts)	B	12	Topli (v)	M	11

U

V

W

Wappou (v)	D 13	Wonisso (v)	F 6
Wari (v)	Q 12	Wonki (v)	I 10
Wari Creek (v)	Q 12	Worawora (v)	L 10
Waya (v)	L 11	Worna (v)	E 7
Wé (v)	L 12	Worna (v)	E 7
Wendou (v)	K 4	Woro (v)	J 8
Wérékouné (v)	O 11	Woungora (v)	G 7
Widina (v)	F 3	Wountira (v)	E 5
Winstanley (bouches)	Q 13	Wourou (v)	N 11
Wo (v)	M 11	Wouroupong (v)	L 10
Woh Town (v)	B 13	Wrasso (v)	J 11
Wollerie (v)	D 8	Wyaousou (v)	I 11
Womasou (v)	J 12	Wyda (v)	N 10

Y

Yaba (v)	H 5	Yamba (v)	K 5
Yaba (v)	J 7	Yamba (v)	L 5
Yaba (v)	Q 9	Yanga (r)	K 6
Yacassé (v)	G 11	Yanga (v)	K 6
Yacassé (v)	G 12	Yanga (v)	K 6
Yacassé (v)	H 11	Yangoina (v)	J 6
Yacassé (v)	H 12	Yangounani (v)	H 9
Yacouta (v)	K 3	Yankasso (v)	F 4
Yadio (v)	G 11	Yanropé (v)	J 8
Yadji (v)	K 9	Yansala ou Ourouké-Iri (v)	K 8
Yagbassou (v)	O 7	Yantola (v)	C 6
Yagha (p)	L 4	Yaohourés (p)	E 10
Yagrokoa (v)	E 13	Id.	F 10
Yahlahnda (v)	C 10	Yaou (Kouadio-) (v)	G 11
Yaho (v)	H 6	Yaouri (v)	P 7
Yakadia (v)	K 7	Yapé (v)	G 10
Yakalidougou (v)	F 10	Yara (v)	N 7
Yako (v)	C 11	Yaradougou (v)	A 8
Yako (v)	I 5	Yarasco (v)	G 6
Yala (v)	A 10	Yaria (v)	L 10
Yali ou Tederint (r)	L 4	Yaro (v)	H 3
Yalindé (v)	L 6	Yarra (v)	H 9
Yalo ou Iéro (v)	M 7	Yasa (rocher)	M 3
Yama (v)	L 4	Yasalam (v)	C 2
Yamafoua (v)	M 8	Yassikérah (v)	N 8
Yamala (v)	G 6	Ya Sulan (v)	F 3
Yamalga (v)	K 8	Yateh (v)	J 3

Yateli (v)	J	9	Yérédougou (v)	G	5
Yatenga (p)	I	4	Yérékai (v)	H	9
Yé ou San Pedro (r)	D	12	Yérépo ou Sourouko (v)	L	9
Yébo (v)	P	7	Yéréré (v)	B	2
Yefou (r)	H	10	Yimani (v)	K	9
Yégé (v)	L	9	Yobéri (p)	F	12
Yégué (v)	H	7	Yobokoué (v)	F	12
Yékédé (v)	P	8	Yocoboué (r)	F	12
Yekou (v)	L	10	Yokri (v)	P	12
Yelimané (v)	A	2	Yolo (v)	F	4
Yélouadou (v)	A	8	Yomou (v)	P	7
Yelougou (v)	N	5	Yordi (v)	N	4
Yende Ba (v)	A	8	Yoro (v)	I	3
Yendé Dogoma (v)	A	9	Yoroko (v)	H	8
Yendi (v)	K	8	Yorouba (p)	O	10
Yenkala (v)	O	6	Youba (v)	I	4
Yenneh (v)	A	11	Youga (v)	H	3
Yensa Wala (v)	H	10	Youlsi ou Tiollé (p)	I	6
Yeoua (r)	N	11	Youna (v)	H	2
Yéoua (r)	N	10	Young Sesters (v)	A	12
Yéra (v)	H	5	Young Town (v)	Q	12
Yera Coro (v)	B	7			

Z

Zabadina (v)	E	5	Zangom (v)	J	7
Zabarbe (v)	F	12	Zangonne (r)	K	8
Zabari (v)	J	7	Zangouara (p)	J	7
Zabesokko (v)	I	5	Zangouela (v)	E	6
Zaganado (v)	N	10	Zangué (v)	F	11
Zahroi (v)	J	1	Zangueso (v)	G	5
Zakarko (v)	F	12	Zanibala (v)	F	6
Zali (v)	O	7	Zanibougou (v)	E	5
Zam (v)	G	9	Zaniéla (v)	D	6
Zamaré (v)	P	7	Zanina (v)	E	5
Zambala (v)	F	4	Zankom ou Assengou (v)	K	8
Zambitila (v)	F	5	Zankourna (v)	F	5
Zamtché (v)	K	5	Zanzanzo (v)	G	10
Zan (v)	I	5	Zapi (v)	B	12
Zan (v)	K	7	Zaranou ou Amenwi (v)	H	10
Zandoua (v)	K	7	Zaranou ou Inserim (v)	H	11
Zango (campt de)	J	9	Zaria (v)	O	6
Zangoï (v)	K	1	Zarimono (v)	O	6

Zasiébougou (v)	D	6	Zobodomé (v)	M	10
Zau Zau (v)	B	10	Zodé (v)	F	10
Zebba (v)	L	4	Zodékan (v)	F	10
Zegbé (p)	F	12	Zoglobo (v)	N	10
Zégo (v)	F	11	Zolaghi (v)	A	10
Zégou (v)	P	8	Zolou (v)	B	10
Zéguéré (v)	E	7	Zone neutralisée de Salaga.	J	8
Zelleki (v)	A	10	Id.	K	8
Zemane (v)	J	1	Id.	J	9
Zénagas (p)	A	2	Id.	K	9
Zénaï (v)	M	4	Zopa (v)	Q	8
Zeppo (v)	H	10	Zorogo (v)	J	5
Zéria (v)	F	6	Zorogo (ruines de) ou Dio-		
Zermaoul (mt)	L	2	roko	J	6
Zianso (v)	E	7	Zou (r)	M	10
Zibo (v)	G	8	Id.	N	10
Ziga (v)	I	4	Zoubo (v)	M	10
Ziggah Porah Su ou Lin-			Zougou (v)	N	7
guiporaso (v)	B	9	Zoukobri (v)	D	12
Zigo (v)	D	8	Zoum (r)	N	11
Zini (r)	G	11	Zoumé (v)	M	10
Ziou (v)	Q	8	Zouri (v)	K	7
Ziou (v)	Q	8			

La Rochelle, Imprimerie Nouvelle Noël Texier, 29, rue des Saintes-Claires.

www.ingramcontent.com/pod-product-compliance
Lightning Source LLC
Chambersburg PA
CBHW070916280326
41934CB00008B/1746